# 瑜伽就是心靈修行地圖

## 斯瓦米韋達傳授心法的17堂課

斯瓦米韋達・帕若堤 Swami Veda Bharati ／著
石宏／譯

# 譯者前言

本書是斯瓦米韋達多年來在世界各地講演開示的選集，經過整理編輯之後翻譯成中文。在彙集的過程中並沒有刻意針對某一個主題而選，然而都是他對聽講之人苦口婆心的開示。於今回顧，貫穿全書的主題之一是他以身作則，用菩薩道的精神來啟迪有志於發揚瑜伽教學的老師。

斯瓦米韋達一生的使命，就是以教化為手段來減輕眾生的苦痛。他從十二、三歲起開始在全印度巡迴演講，十六歲離開印度遠渡重洋，其後近七十年都在世界各地奔波講學，很少會長時間停居於一處。他說：「靈性之人是自由的。對他們而言，沒有國界，沒有洲際，所以他們出行，他們漂泊。」印度的古籍有訓示，「為了眾生的福祉，靈性之人必須遠遊四方，否則自己的所學都成了無用之事。」其後佛陀對於自己的弟子也有相同的教誨。斯瓦米韋達的一生，就是在實踐遠行雲遊教化眾生的精神。

對他而言，身為一名瑜伽教師不是職業，而是使命。瑜伽老師以及開辦瑜伽教室的個中冷暖滋味，他知之甚詳，絕不會為了任何境遇而動搖初心。在本書所搜集的好幾篇講演中，他屢屢對來聽講的瑜伽老師們說：「你的工作是慈悲，是愛。」「你要出去教，因為有人需要學。」「你是在教人，不是在教課。重要的是，你跟學生們之間要建立起心靈的聯繫。」「你在學院領到教師的證書，不代表你真的是老師，學生對你的認可才是真正的證書。」

在斯瓦米韋達的心目中，老師不一定是課堂上的老師，老師也不一定非得有教室才能教學。例如，父母之於子女就是老師。他常說，孩子們不能教，只能學。所以人家問他怎麼教孩子靜坐，他的答案不是讓孩子坐在面前教孩子如何盤腿、如何專注，而是把孩子抱在懷裡，讓孩子感受到你沉靜的呼吸和心境。他也說過，當他去買東西的時候，他和店員的目光接觸、講話的語調及用詞，那種互動無形中就是在教學。所以他勉勵大家，尤其是瑜伽老師，一定要注意自己心靈的成長，因為老師要傳授的重點，不在於技巧，而是體驗。

二〇一三年，斯瓦米韋達以八十歲高齡進入靜默。然而，在進入原本預定的五年靜默期還不滿兩年，他大概預知到自己時日無多，乃不顧日益衰弱的老病之身，重新開口講述。本書有兩篇就是他在二〇一五年四月和六月的講話紀錄，那是他此生最後的兩場公開講演。雖然他帶著一身的病痛，可是一旦講起課來，絲毫不會讓人覺得他的身體有何異樣，他以身教為我們示範了如何不讓身體的狀態成為心理的狀態。他要繼續用他的身體為眾生服務，直到身體用不下去為止，那正是在履行他所發的菩薩誓。同年七月，斯瓦米韋達在學院的房中端坐圓寂，終於換下那件穿了八十二年的色身衣服，回到了靜默。

近代的聖人寧・卡若理・巴巴（Neem Karoli Baba）說過：「上師捨棄色身時，他的道場即成為了他的色身。」斯瓦米韋達離世之後，任何人走進他創立的學院園區內，依舊能感受到那股寧靜的氣氛。背景中的梵唱頌禱、晨晚鐘聲、火壇煙霧、鳥語花香、牛鳴犬吠，都在提醒我們、呼喚我們進入自己內在的深處。在那絕對靜止無聲之處，斯瓦米韋達依然在為大家講課。如果你有機會，何妨來到老師的身中，不必為了學習什麼、參加什麼課程而來，就靜靜地待在此地，在靜默中，老師會和你交談。也許，幸運的你，在那靜默中會悟出「我是誰」。

# 目次

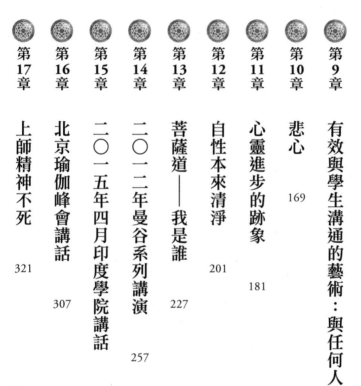

# 第1章

# 汝即彼：靜坐冥想之道

以下是斯瓦米韋達的影片〈汝即彼〉（Tat Tvam Asi）講述內容的中文翻譯。

我們的使命：世間有這麼多苦難，然而大多數人不明白，他們苦痛的源頭是心理上的，是一種精神上的苦痛。所有的經典都如此解釋，但大多數人無法當真對待。因此，我尋遍經典，尋遍古人的著作，目的是要為我發自個人心靈經驗的說法求個佐證。

我一生所有其他的活動，無論是研究旅居南美洲的印度僑民的民謠，或是去各地旅行，還是學習新的語言，都是為了那個使命而做。那個使命就是，不論我身在何處，都要助人減輕心靈的苦痛，因為他們忘記了人類內在本有的那份圓滿充實，變得依賴來自外在的東西，像是如果我有一輛好車，我就會快樂；如果我有個好房子，我就會快樂；如果我有令人稱羨的好衣服穿，有這個那個名牌的服飾，我就會快樂，這件普通的襯衫不能令我快樂。

通常身為一位斯瓦米出家人，不會談他自己的生平。原因是，他沒有家，沒有故鄉，沒有家人，可是整個世界都是他的家人，他所遇見的每個人都是親人，夜晚來臨時他身在何處，何處就是他的家。我生於喜馬拉雅山腳的一個小地方，印度的德拉頓市

（Dehradun）。在十一歲之前，我受到的一切教育都來自我的父親。你們大多數人不會相信，我是個一生從沒進過學校的人，從來沒有上過課，十一歲之前從來沒有老師。我所具有的知識，是自然具有的。因為它是自然具有的，所以當我到了人生某個階段，結了婚，需要文憑時，我就去參加考試或者寫論文。這些我從來都不用去學習，因為不需要去學。依印度的古來傳統，高尚的知識是一開始就要傳授給孩子的。等我到了六歲半的時候，我就必須能夠熟記帕坦迦利（Patanajali）在西元前七世紀所寫下的四千條文法規則，而且以數學似的準確度來應用。到了十一歲，我可以翻譯任何以吠陀時期梵文寫下來的東西，這其中一部分要歸功於我的生父。有人說，這證明了我的知識是前世帶來的。你可以決定是否要接受這種說法。有人會這麼說，但他們不見得真的深信，如今的教育系統也和這個理念不合，然而，你內在本來已經具有所有的知識，你只需要知道如何去讀取它們。

靜坐冥想是在體驗你自己本有的覺識，不參雜任何來自外在，外在於你的東西。大家使用「覺識」這個字，好像它是文法中的及物動詞，它必須有個所覺知的對象。冥想者的覺識沒有對象，只在覺知自己的覺識。冥想就是覺識在覺知自己，不混合任何來自外在的經驗。重點是，首先，心要只覺知到心，裡面沒有任何外面丟進來的東西。覺識只覺知到覺識，沒有任何參雜。

我所受到的啟迪有幾個來源，其中一個是甘地。當然，我最重要的啟迪來自我的上師，喜馬拉雅傳承的斯瓦米拉瑪（Swami Rama）。但是我最初的啟迪源自於《吠陀》、《奧義書》、泰戈爾、甘地和其他地方。佛教有菩薩誓，修道人立這個誓是要等到所有眾生都已經脫離了苦厄無明，他才會入涅槃得解脫。這是啟迪我的動力，過去五十年來，我所致力的，僅此而已。在某個時點，我遇到了喜馬拉雅傳承最偉大的大師之一，應了我的所求，他為我指出方向，或許我也可以說，他給了我實證體驗。從那時起，聖典中所記載的境界，對我成為了真實。這個使命一向是個心靈的使命，我從來沒有偏離它。

我記得，在六歲時就對自己的生父說，讓我出家為僧。那種心願是生來就有的，要成為追求真理的人，我看不到自己有別的路可走。我曾經是位在家人，此身原來叫另外一個名字，是一家之長，有過四名子女，扶養他們長大的同時也肩負大學教授的責任，還要照顧各地的禪修中心，回答數以千計人士的問題。雖然我一直在世界各地奔波不停，但我發現自己總是有時間靜坐，總是有時間留給神，因為神就在座椅上，就在候機室中你等飛機時所坐的座椅上。所以無論你在世間做什麼，那個精神總是不離，你只要讓自己連接上它。

我們傳承主張，人和神之間的關係是出於愛，而不是出於畏懼。我告訴你，我不是個畏懼神的人，我完全不是個畏懼神的人。我沒有理由去怕我的所愛。那種個人和神之間愛的關係，我們有個詞稱呼它：奉愛之道，它是一種奉獻之道。奉獻就是，把所有的情感，一切人類的情感，都導向那個愛，那就是奉愛之道。奉獻，是一種屬於個人的關係。所以，一方面你有這種靜坐冥想之道，通往至高無上無形的「壹」，另一方面你有這種自己全然融入的愛。

關於靜坐冥想之道，有很多不同的誤解。有些人談到靜坐冥想，就會起了種種聯想，例如，「我是否必須要對靈性、對神有某種信仰？」我說，你只管靜下來，不要去談論這些，只管去經驗自己內在那個靈性的所在、神的所在。「那，人死了之後靈魂會如何？」我會說，就算知道答案，對我又有什麼具體的益處呢？當我發現到自己的永恆，我自然會知道答案。「那，我真能在這一輩子找到永恆嗎？我的業報是否注定要困在塵世的泥濘中，和我的家人一同受苦？」大家使用這些字眼，卻沒有真正了解它們的意義。例如「業」這個字，它不是命中注定的意思，不是說有個上帝坐在上面某個地方，說，「好，我現在來造出這個人，我要如何譜寫他的命運？我該寫一萬元進他的帳戶，還是該寫十萬元給他？」不是這樣理解的。

「業」這個字的意義是「行為」。就像你們現在，當你在聽我講話的時候，你坐在客廳的沙發上，或者坐在什麼地方都好，也許有一、兩個人會學我坐在地上，但是不要馬上學我，你要先訓練好你的腿，否則容易傷到自己，然後才開始那麼坐。你們在聽我講話的人，光只是聽，你就在造業，你就是在從事一項行為。你說：「我什麼也沒做，我哪裡有在造業？」要知道，有個心念的行為正在進行著。心念的行為是人類的主要行為，其他的活動都是由心念行為生出來的。你的一字一語、你所講的話、你動你的身體、即使小小動一下你的手指，都是一種發自於心念的行為。

所以，任何時候只要你動了念，就是在對你原本已經所造的業、所累積行為的總和，再有所添加。例如，你現在去看一部暴力的電影，因此會把暴力加入到你心念的業裡面。或者你可以去看、去聽讓你遠離暴力欲望的東西，因此會增加了你平和的業。這麼一來，每個時刻，朋友們，每個時刻你都是在改造你的人格特質——每個時刻！換句話說，你每個時刻都在重新改寫你的命運，因為你現在所做的行為，遲一些會結成果實。所以你有選擇的自由。

好，這個跟練習靜坐冥想的銜接之處何在？靜坐者所學到的是，如何調節、導引他的心念從負面趨向正面。有些人喜歡稱之為祈禱。我會說，它是一種深沉的祈禱、靜默的祈禱，而不是由什麼權威幫你寫下來，寫成很多、很多字的那種祈禱。不論你要怎麼去定義它，靜坐之人會發現冥想能夠將他的心念導向正面。人在任何時刻可能是激動的，他可能大聲說話，可能擺動他的手——如你所知，所有東方武術要學的第一件事就是靜止，內在深深地靜止，然後才去學如何由靜中生動——所以，你學到行為可以自由，可以興奮，可以激動，同時內在又可以保持絕對靜止。你可以自由地在世間活動，在充滿興奮刺激的世間仍然能保持內在靜止。

我經常舉的一個例子是在轉動中的輪子。我不是學工程的，你們之中有人是學工程的，知道飛快旋轉的輪子中有一個點是絕對不動的。每一個輪子都會如此，你的業力之輪也是。你的人生之輪也是如此，它不停地在轉在動，你停不下來。但是你只要去到那個中心，進入那個中央靜止的點，你會發現如果沒有那個點的話，就不會有動。靜坐冥想就是要進入那個靜止的點，它不是要停止輪子的轉動，它不是要停止從事活動和履行義務，是要覺知那靜止的中心點，而同時由那裡指揮、控制、引導輪子的動作。

**問：那不就是死亡的藝術？**

答：那是生的藝術，因而也是死的藝術。

靜坐者不是無想。他不是沒有思想。他不是成為癡呆。正好相反，他心中生起的念頭變得更順暢，更不會起伏不定，更少呈現尖銳的鋸齒。而我們的心念是暴起暴落。在梵文有段諺語說：「凡夫日有百喜千憂，智者則喜憂中如一。」所以他不會像我們一樣被極端的情緒起伏所擾亂。他是持平的。你拿石子丟他，石子一沉下去，表面就恢復平靜。而他能夠吸收許多、許多丟他的石子。

如果我自己就是真實的一個部分，而我要了解真實的話，為什麼不在最靠近我的地方去找？在我的內在，在我這個人的裡面去找？一旦了解了真實，了解了我這個人內在的真實，我就能了解其他一切地方的真實。如果我要了解固體，就讓我去了解我的骨頭。如果我要了解流體，就讓我去了解我血液的流動。如果我要了解光，就讓我了解我的眼睛。如果我要了解音聲，就讓我了解我的耳朵。如果我要了解字語，就讓我了解字語是從我內在什麼地方生起的——某個「知」是如何成為了念頭，念頭如何成為字語，字語如何成為音聲，音聲如何進入某人的耳中，那音聲如何成為他腦中的字語，那字語如何成為念頭，那個念頭又如何成為「知」，那個知又如何成為覺識。乃至於，我可以如何讓我的覺識，與別人的覺識建立連繫，而不用依靠音聲的介入。只要我了解了我內在的真實，就可以從覺識直接跳過去連結覺識。

很多人會問，宗教和靜坐是什麼關係？對於深信宗教的信徒，我的看法會令他們吃驚。他們以為這個斯瓦米會旗幟鮮明地支持某種宗教。喜馬拉雅瑜伽大師的傳承所給我的訓練是，不准為任何宗教舉旗。靜坐時完全不用管宗教，但是，宗教卻是因靜坐而有。

讓我先為聽到這段話而動氣的人消消氣。宗教是來自某些偉大心靈成就者的內證，他們證到了內在神性的那份圓滿，然後試著把所證到的那個教給他人。然後他人說，我們是某某先知的追隨者，我們信奉某某聖典，我們成為某某宗教。那就是宗教的起源，接著有人加入這個宗教組織或者宗教形式。不論是古代的、現代的，不論是正統派的、改革派的，他們都困在一個地方。他們追求的不是創始大師所描述的那個圓滿、覺悟的境地，他們所追求的只是去演繹、去解讀、去研討大師的字語。這就是宗教問題的所在。

當你進入靜坐的境界，不用帶著這些字語，不用帶著這些形像，不用帶著這些侷限。那你才是在追求前往宗教的聖人、先知、創始者所到達的境地，那是個深沉的內在靜默境地，是他們在還沒有開口說出任何字語之前所體驗到的境地——因為神就是靜默。

靜默的魔力就是圓滿。我知道這可能讓你不解。什麼圓滿？有句印地諺語說：「空瓶聲大。」[1]滿的瓶子是無聲的，才夠沉穩。你越是接近內在的神性，你就越不想講話，因為你發現字語都是空的。

對於執著於宗教形式和儀軌的人，他們在練習靜坐時常會問，我們是否該通通放掉這些宗教的東西？另一方面，其他人來到我這裡會問，你看起來像是印度教的人，如果我們走靜坐這一條路，是否就要做印度教或是吠陀的儀式活動？我對這兩種人的回答是：如果你喜歡香，就燃香；如果你不喜歡香，絕對不要去燃香，以免引起不必要的抗拒心。我的一切儀式都是內在的，我的頌禱都是在心中做的。不論是哪一種火供或是祭禮，瑜伽都有辦法把它們改成在內心做。這就不需要任何外在的東西。但是對於不懂怎麼在內心做的人，他們還是得先依靠外在的形式和儀軌去學著做。[2]

經由向內尋覓的靈性道路，你自己會發現靈魂的本質。你會知道是否有轉世，自己是否從以前延續而來，身體這個屋子壞滅之後是否會延續下去，最終你都會知道。當佛陀坐在那棵樹下，進入絕對靜止的定中四十九天獲得徹悟，他出定睜開眼——你知道，兩千六百年之後，從中國、日本、世界其他地區，都不斷有信徒來到那棵樹前，希望能拾起一片樹葉，獲得一段樹枝帶回家種植，他們視之為一種福報，因為兩千六百年前，有人坐在那棵樹下絕對靜止四十九個晝夜，終於驗證了那個「總體」。當佛陀從定中睜開眼睛，他說：「哈！造屋者，我見過你了。此後你不能再替我造新屋了！」[3]意思是，從今後我不再輪迴轉世，不再受這個身體所限，因為我已經從物質身解脫出來。

人類的本質是自由的，任何對那個自由的限制，都是不自然的。這就是為什麼當我們沒有那個自由的時候，就愛莫能助地陷入不快樂。但是，讓我澄清一點——我想我以前說過——那個自由不是免於什麼的自由，也不是可以去做什麼的自由，因為免於什麼的自由終究還是一種執著於什麼的自由，可以去做什麼的自由也是一種執著於什麼的自由。我用「自由」這個詞，意思是心靈的自由，能不受物質對我們的種種設定。那個自由才是人類的本質，其他的都是不自然，也是為什麼我們會不快樂的原因。

自由就是覺知到我內在的那份圓滿充實。在那份圓滿充實中，你我都會具有力量，那是創造力，是神靈的那種創造力——不論你會用什麼名字稱呼神靈。你有那份創造力可以為自己的生命、為自己的心識從事創造。你可以成為第二位莎士比亞，你可以成為世間的一位仁君，你可以成為一位佛，你可以成為聖人，你可以成為先知，你可以從身無分文開始，變成世上最大的慈善家，照顧世上所有的孤兒。一旦有了那份圓滿充實，就沒有你做不到的事。

（冥想導引）

覺知你的全身，由頭至腳。

現在，放鬆你的額頭、眉毛、眼睛。放鬆鼻孔、臉頰、牙關，以及你的嘴角。

放鬆你的下巴。
放鬆你頸部的肌肉。
放鬆你的肩膀、肩關節。
放鬆你的上臂、手肘、前臂、手腕、手掌、手指以及手指尖。
放鬆你的手掌。放鬆你的手腕。放鬆你的前臂。放鬆你的手肘。放鬆你的上臂。
放鬆你的肩關節。
放鬆你的肩膀。
放鬆你的胸部。
放鬆你的胃部、肚臍以及腹部。
放鬆你的髖關節、大腿、膝蓋、小腿、腳踝、腳掌、腳趾。
現在，感覺呼吸在你鼻子裡流動接觸的情形。
呼氣……輕柔……緩慢……平順。
呼吸之間不要停頓……呼吸之間不要停頓。

在我們的喜馬拉雅傳承中，冥想時常會使用「搜—瀚」（so—ham）這兩個音。「搜—瀚」的表面意義是：「我是那個。」問題是，我是那個，那個又是哪個？在跟基督教徒為主的社群講話時，我都會用《聖經．出埃及記》的記載，神出現在摩西面前，稱自己是「我本彼本我」（I am that I am），「告訴以色列的子民，是本我（I am）派你去的。」我們在靜坐時用「搜—瀚」這兩個字音的本意，和我想要成為什麼無關。本意是指，那個超越欲望，超越過去、現在、未來，超越時間、超越永恆的那個，是純粹光明的靈體，是在變異的身中永不變的那個，是在變異的心後面永不變的那個。我本來是那個靈體。

不論你住在哪裡，我們都生活在唯物的社會中，因為我們活在一個物質的身體中。問題是，這個「我們」是誰？超越身體的那個本我，才是控制、操縱、管理身體的主管，是這個物質身體的主管。自從有文明以來，地表就有唯物主義。不論你是用石頭敲開椰子殼，還是用開罐器打開罐頭，只要你還需要用到物質，石頭和開罐器沒有什麼基本上的不同。靜坐的本意是要能區別「那個」，以及所有一切外在影響你、讓你的情緒上下起伏、讓你產生種種身分認同的「物」。你以為自己是高個子，有個更高的人來到，你會說，喔，我是個矮子。來了個侏儒，你就覺得自己是巨人。你懂我在說什麼嗎？我是富人。我是窮人。我叫這個名字、叫那個名字。這些對我都是一種設定。靜坐的用意是在知道，在這些設定之外，有一股不帶有任何設定的力，是這股力量在控制設定，它可以請來某種設定，或者請走某種設定。那才是「搜―瀚」的本意：我是本我，是靈我。

你知道，當年我的靈性導師斯瓦米拉瑪在訓練我的時候，他講了一個《奧義書》的故事。有個弟子問上師：我是誰？上師回答：「tat-tvam-asi，汝即彼（這是非常有名的字語，**tat**：那個，**tvam**：你，**asi**：是）。例如這棵樹，你在根部劃一刀，會流出樹汁。在樹幹中劃一刀，流出的是樹汁。你在樹頂部劃一刀，流出來的還是樹汁。在樹中流動的那股生命之流的樹汁，從根部到枝幹到枝頂，都是一樣的。枝幹掉落，樹還在。枝葉掉落，樹還在。人的身體死去就像是枝幹、枝葉的掉落，但是生命之樹會繼續下去。噢，施偉塔克圖[4]，那樹汁，那永恆生命之力，那光，你就是那個！」

我們觀察自然界，認為它是一體的。但我們忘記，自己這個人也屬於同一個自然界。我看見外面的光，那也是在我眼中的光。但是要靠我心中的光，去驅動眼睛裡的光，否則我眼中的光就沒什麼意義。光不是在我的靈中，那個光，生命的光，那個光就是靈，不是在我裡面——我就是那個。變成這棵樹內汁液的那個光，我就是它。一旦你領略到宇宙之光的一體性，你會無法劃出一己的輪廓，你的呼吸和微風也失去了分界，區別都泯滅了。因此，當禪定者看著大自然時，他看到的並非只有大自然，他看到的是自己，看到大自然在他自己裡面。他發現，當自己背靠著一棵樹，[5]他脊柱中向上流動的生命力，以及樹中被吸著向上的樹汁，兩者都是同一個理。那個理，就是你——tat-tvam-asi。

但只是能夠說出這種像詩一般的語句，幫不了你；坐著想像它，也幫不了你。它必須要被你證到，就像你能動自己的手一般真實，你是你手的主人，你能那樣動，你能這樣動。[6]同樣的道理，你是你心念的主人，所以你能這樣、那樣，無論怎麼樣，來調控你的心念，以包容宇宙所有的光。

自然界和人類是不分的。我就是自然界的一分子。流在我身中的血液就是自然界的一分子，是所有水的流動之理的一分子。我的飢餓之火、言語之火，是那深埋在礦底的鑽石和高掛在上太陽內閃亮的全體火之理。我看不出鑽石的光、太陽的光、我心中的光，有何不同。不要問：「自然界對人類有多重要？」也許該要問：「有多少自然界是在人類之內？」我的答案是：全部！因為它本來如此。因為它本來如此！所以，人是宇宙整體的一分子，和其中所有的生命不可切割。

我現在不是在大自然中走動。（譯按，影片中斯瓦米韋達在郊野中行走。）是大自然在走，大自然走在大自然之中。你是在問一道漣漪，為何你喜歡在水上走動。你是在問一股浪，為何你要探索海洋。你是在問一絲微風，為何你要隨著風四處流動。你是在問一道光線，為何你要在太陽和火焰中飛舞。我內在的火和這個光是一。我內在的氣息和這個風是一。我內在的光和這個光是一。所以兩者是一起的，沒有哪個在哪個裡面走動。我們都是在流動中。那個「總體」是朝著某個方向在流動中，我們都在往那邊去。一旦你了知這個，而不只是空談它，不只是在為它作詩，不只是在拍攝這個所謂的大自然，一旦你內在了知這種連結，那你就會有了所謂遍及一切的覺識。覺識的理，遍布在整個自然界之中，包括這個人在內。覺識是在流動中。

我靜坐不是因為聽信經書這麼說，不是因為聽信聖典這麼說。作為一種信仰，我相信有神，但是我要證明這件事。不是用印度哲學家千百年來所做的邏輯論證，不是用希臘哲學家二十六個世紀前所做的論證，不是用聖艾奎諾斯（St. Thomas Aquinas）所做的論證。不是基於論證，而是要基於每個聖人都曾經有過的那種個人親自實證經驗。要基於那個。一旦被我碰上了那個光明，我會說我已經為自己求證到了。靜坐之道就是在做靈性的實驗，因為神是沉默的。

靈性之人是自由的。對他們而言，沒有國界，沒有洲際。所以他們出行，他們漂泊。在印度的傳統中，有一個形容僧人的字是「parivrājaka」，意思是漂泊者、雲遊之人、出家人。我們所受的教誡出自一部幾千年前的古籍，叫做《艾塔瑞亞梵書》（*Aitareya-brāhmaṇa*），書中說「漂泊！漂泊！」（caraiveti!）。當佛陀吩咐他的第一批弟子去遠方弘法時，他也說：「漂泊吧，漂泊吧，比丘們！比丘們，漂泊，漂泊，為眾生之幸，為眾生之福，比丘們要漂泊。」（Caratha bhikkhāve cārikaṁ bahujana-hitāya, bahujana-sukhaya）[7]他重複這麼說。

西方對靈性的追求不亞於東方，儘管它的形式有時會改變，儘管它尋找答案的方式可能有所改變，但我不認為現代西方人對靈性的追求比起他們四個世紀之前會有所不如，我也不認為他們對靈性的追求比起印度村民之類的人，會有所不如。

如果你記得《薄伽梵歌》（*Bhagavad Gītā*，書名的意思是神主之歌），其中有一段說：「無論人想走哪一條路，只要來到我的面前，我就會加強他們對那條路的信心，由於那股信心，他們終於會來到我面前。」因此在印度的傳統裡，教士或印度僧人的使命是，只要有人信神，就要加強那個人對自己修行之路的信心。我們所做的，就是讓他們從靜坐中直接體驗到那股寧靜。所以對西方人士，我們會使用《聖經》裡的段落，其實基督教也有靜坐的傳統，在北歐比較少人知道，但是在南歐的希臘正教以及俄國的東歐正教，就比較多人知道。那是個非常博大豐富的傳統。當我在引領穆斯林時，也是用同樣的辦法。至於那些能接受言語本身就是一種啟示的人，他們會比較容易理解咒語的用處，因為字語、音聲都帶著心念的振盪。咒語的學問講的是，心念振盪和每一種音聲之間的關係。關於咒語的文獻非常龐大，但我們要學的不盡然是來自寫在書裡面的那些，更重要的是來自師徒之間口耳相傳的悠久傳承。咒語讓心念所起的振盪可以打通阻塞，把我們給自己造成的情緒糾結打通，我們稱之為打開心中的結，鬆開心中的結。

（斯瓦米韋達朗讀他所寫的詩篇《光之柱》）[8]

呼吸，你今天好像有些許浮躁。

眼睛，你像是漂盪在洪流上的浮草。

手指，你是風暴中的草葉。
我親愛的身體，為何你會像是一片風中的葉子？
啊，心，我熟悉的心，你讓我不解。
你竟如此揮霍那麼多的能量。
你竟如此摒棄了那麼多的愛。
你竟如此把往內流入的水門給關上。
你竟如此斷續地流入在你外面的蓄水池。
你猶如沙漠中的海市蜃樓。
但是我想現在該是我們聚一下的時候了。
來，兄弟們，我們在那針頂的天體之光旁圍個圈。
在這神聖的靜坐墊上安頓下來。
把你自己拉向你的自己。
你們每一位，我的身體、呼吸、心，
讓我們和諧一致，一起拜在那一道光柱之前，那是一道循著脊柱而上，衝上天際的光柱。
太陽（比喻右鼻孔的呼吸），
太陽在柱子的一側照耀，
另一側是月亮。
它們日夜繞著它，
從它的天耀中借取到它們的光明。
當一切都進入沉睡，
它，
將光明分享予日月的那一位，
仍然醒著，不停地照放覺光。
我的呼吸兄弟，靜下來。
我的身，定下來。
手指，為何還在抽搐？
舌頭，莫再唧唧喳喳。

心中的迴響，現在可以停止了。
此刻靜止來到，
那是靜默的開始。
現在清淨與我們共享這個所在。

我祝你今日能一瞥宇宙的光柱。

有個最美麗的例子。在印度，有次一群人在圍攻一個基督教的傳教所，幾百人圍著，可能打算要放火燒掉這個地方。一名母親抱著幼兒從窗簾後面往外看，她懷抱中的孩子無知地拉開簾子看見群眾，孩子覺得很有趣，露出了微笑。群眾中有人報以回笑，周圍的人都笑了。整個群眾都笑了，然後散去。

我希望看到更多像這樣的故事能得到報導，而不是報導那些血腥的故事。我沒什麼野心，只不過被我的傳承賦予一項慈愛的責任，這個使命在我們靈性傳承裡，是由喜馬拉雅的大師們代代相傳而來，可能上千代了。世上有苦痛。世上有磨難。盡你所能去消彌它。盡你所能去安撫人心。不要只提供諮詢，諮詢師們，去撫慰。不要只曉得定下規矩，親愛的父母們，去愛。

（片終，蓋亞區神咒〔Gāyatrī mantra〕。）

Om bhūr bhuvaḥ svaḥ
tat savitur vareṇyaṃ
bhargo devasya dhīmahi
dhyo yo naḥ pracodayāt

## 譯註

[1] 這句諺語似乎是在說，瓶子在還沒有裝滿之前的狀態都是最吵的。

[2] 請讀者參閱本書下一章〈火供精義〉，有助於了解祭祀儀軌內在的精神意義。

[3] 這一段話在中譯的《法句經》第一五三、一五四句也有：
「經多生輪迴，尋求造屋者，但未得見之，痛苦再再生。」（153）
「已見造屋者，不再造於屋，椽桷皆毀壞，棟梁亦摧折，我既證無為，一切愛盡滅。」（154）

[4] 所引用的是《歌者奧義書》（*Chandogyopaṇiṣad*）。施偉塔克圖（Śvetaketu）是書中主角的名字。

[5] 影片中，此時斯瓦米韋達以背靠在樹上講話。其後多年，他說自己當時心臟病發作，就借勢靠在樹上休息幾秒鐘，而在現場拍攝的人員無人察覺他有何不妥。

[6] 斯瓦米韋達提到當年在拍攝時，劇組人員覺得如果他的手沒有動作的話，影片會顯得單調，就鼓勵他盡量活動手臂來增加效果。

[7] 中譯佛經見《相應部：惡魔相應》：「諸比丘！為眾人之利益、幸福以憐憫世間。為人天之利益、幸福以遊方！」亦見《律藏：大品》：「諸比丘！去遊行！此乃為眾生利益、眾生安樂、哀愍世間、人天之義利、利益、安樂，切勿二人同行。」

[8] 出自斯瓦米韋達所著 *The Light of Ten Thousand Suns*（萬陽之光）。

# 第2章
# 火供精義

《梨俱吠陀》（*Rg Veda*）這部經書的第一個字是「阿嘎尼」。梵文是 agni，意思是「火」，歐洲語系中很多與「火」有關的字，例如：ignes, igneous, ignite, ignition 等都源自於此字。印度教派禮拜雕塑神像的傳統，是受到佛教徒的影響而有。希望大家不要用英文 idol（偶像）這個詞來稱呼神像，這是當初東來的歐洲傳教士所帶來，其實甚有貶抑之義，可惜今天許多印度人不明就裡跟著使用。

吠陀原本是一種用火做為媒介來拜神的宗教，所建造的火壇非常複雜，需要用到幾何的精確度。今天稱為「畢氏定律」的幾何學問，印度人稱為「博達衍那定律」，因為它首先見於西元前十四世紀的《博達衍那經》（*Bhaudāyana Sūtras*）中，詳細論述如何興建火壇。

吠陀拜神儀式中「火」的意義，和波斯祆教不同。在後者，「火」本身就是神明的現身。在吠陀，所謂「阿嘎尼」是一種神靈，祂不但應該接受供養，更重要的，祂是人的信差，帶著人的供養送給神明，同時又擔任神明的信差，傳達意旨給人。印度所有的儀式和禮拜，至少有一半是吠陀的火供。

火壇主體是一個根據一定規格所成形的坑，而且必須做過聖禮才可以啟用。祈請「阿嘎尼」現身，則是要以咒語為之。

祭料（sāmagrī）和酥油（ghee）是在唱誦咒語時投入火中燃燒。祭料可能會隨季節時間而有所不同，也會應祭主（yajamāna）的特殊目的或要求而有所不同，例如大主教也可以應教徒之請而做特殊禮拜。祭祀功德所迴向之人、主祭者，或是出名義祭祀之人，都可以是所謂的祭主。我年輕時，因為熟讀吠陀經典，曾經被印度各地邀請擔任祭司，去很多村落做一連七天、十五天的祈雨火壇。因為出於至誠之故，經驗中總是會在儀式的最後一日降雨。

祭料是由三十六種（或多或少）不同的樹皮、根莖、枝葉、草藥等材料，依傳統配方攪拌而成，據說有一定的治療和排毒效力。酥油是食物的精髓，有許多心靈層面的意義。乾燥的祭料燃燒起來會非常刺鼻，加入酥油後就不再刺鼻（譯按，酥油是從牛乳提製而來的精純奶油，據說就是佛經中所謂的醍醐）。

火供的儀式被稱為「護摩」（homa），更常見的名稱是「亞將」（yajña），每場進行的時間從幾個小時到好幾個星期都有。視火供期間的長短，短的可以只誦念咒語一〇八遍，長的可以上到千萬遍。期間場中唱誦咒語音調的力量，能讓人心無比專注，要親身體驗過的人才會知道。

每誦唸完一遍咒語，祭者會隨之發聲說出「斯瓦－哈」（svāhā）這個字，但是東亞地區，從西藏到日本，都被讀成「搜－哈」）。這個字的字義非常豐富，也很有力量，非常難以完整翻譯，如同「嗡」（OM）字一般。它大致的意思是：「我真心誠意供養，歸伏。」有時還會加上誦唸 na mama 或 idam na 的語句，意思是：「不是我的。不是我的。我將一切對自我的執著獻出做為供養，禮拜歸伏。將我的一切欲望執著投入火中燃盡。」如此重複一〇八遍，十二萬五千遍，一千萬遍，每誦一遍就伸手將芬芳的祭料投入火中。這就是火供精義最簡短的說明。

在儀式的最後一天，所有剩下來的酥油都要倒入火中，圓滿燃盡（holocaust）。Holocaust 這個字起源於古希臘，其後不幸被用於形容納粹德國的種族屠殺惡行，引起了誤解。古希臘人也有做火祭，在《舊約聖經》中也記載了希伯來人的火祭儀式。當所有的祭品都投入火中燒盡了，代表諸神接受了拜祭之人的禱告，希臘人稱之為「圓滿燃盡」。在梵文稱為 pūrṇa-āhuti（祭圓滿），祭司所做的供養到此圓滿完美，而且要誦唸圓滿咒語：

彼圓滿此亦圓滿。（pūrṇam adaḥ pūrṇam idaṁ）
圓滿來自於圓滿。（pūrṇāt pūrṇam udacyate）
自圓滿取出圓滿，（pūrṇasya pūrṇam ādāya）
所餘仍舊是圓滿。（pūrṇam evāva-śiṣyate）

**pūrṇa** 的意思是充滿、充實了、完整、完美、如神一般完美。

最後一天，要把剩下來的酥油從一根長長的竹管傾倒入火中，使用竹管是為了方便。最後的供養倒入火中燃燒時，量一定要充沛，那代表了我們剩下來的欲望、行為，以及行為的結果。

因為一下子傾倒那麼多的酥油會引起熊熊烈火，所以祭者要站得離火遠一些，需要用一根竹管導引傾倒酥油。長竹管是架在兩根交叉的竹竿上。這架設沒有什麼神祕可言，當然你可以用神祕的眼光去解讀任何事！

大多數的印度哲學家和神學家都認為，印度最基本的人生模式就是「亞將」。任何虔誠的在家居士每天都應該做五種「亞將」祭祀：

．**梵祭**（**brahma-yajña**）：每天的靜坐冥想，供養內在的氣、心與意識之火。

．**天祭**（**deva-yajña**）：禮拜祭祀諸天神，在吠陀時代以火供為之，在其後的印度教時代則是以火供以及祭祀儀式為之。

．**祖祭**（**pitṛ-yajña**）：祭祀先祖之靈，以及每日對家中在世的父母和長者禮拜服侍。

．**客祭**（**atithi-yajña**）：對來到的訪客供養（a-tithi 這個字代表示是不期而來的訪客）。印度人殷勤待客不是一種社交行為，而是在禮拜供養。

．**施食祭**（**bali-yajña**）：對次等生靈施食，例如將蔗糖灑在螞蟻巢穴周圍，將第一個出爐的烤餅留給流浪的牛隻。每天煮食之前，留下一些尚未煮過的米、豆、穀物、麵粉等等，供養寺院，給祭師、僧侶、乞丐、孤兒院。

也請大家閱讀《薄伽梵歌》第三章，第八至十七頌為我們解釋了「亞將」的哲理，基本精神是：將你一己做為禮拜的供養，將你一己投入神性火焰中。

你在我們這裡所見到的火供儀式，是體現了上述所有的教誨，參與者也都能夠非常投入其中。

# 第3章

# 冥想初學者的下手處

以下是斯瓦米韋達於一九七六年以「人格的組成」為題，在美國的禪修中心進行一次專題講座其中的節錄。

## 靜坐導引

大家坐直，讓你的坐姿盡可能舒適而穩定，但是要保持脊柱正直。你的坐姿應該要能夠不會讓你需要常常挪動。

保持頭、頸、身軀正直，將心的注意力帶到你此刻所坐之處。把心從其他地方抽回來，只覺知到你此刻身體所占據的空間，覺知你整個身體，由頭頂到腳趾。

把心從其他的時間抽回來，不要回憶過去，不要焦慮未來，只覺知到此刻，一刻又一刻地過去。

觀察你的呼吸，觀察每一次呼吸從哪裡開始，如何開始，如何流動。觀察呼吸如何結束。觀察你下一口呼吸如何開始。不要去控制它，就只觀察呼吸的流動。觀察自己呼吸的過程。觀察你的念頭如何從心中升起。放鬆你所有的念頭，放鬆你頭腦的中心。

每當我提到你身體的哪一個部位，就把你的注意力帶到那裡。放鬆你的額頭。放鬆你的眉毛。放鬆你的眼睛。放鬆你的鼻孔。緩慢而平順地呼氣、吸氣。

放鬆你的臉頰。放鬆你的牙關，以及你的嘴角。放鬆你的下巴。放鬆你的頸部。放鬆你的肩膀，讓肩膀更放鬆。放鬆你的上臂。放鬆你的手肘。放鬆你的前臂。放鬆你的手腕。放鬆你的手掌。放鬆你的手指。放鬆你的手指尖。感覺呼吸好像一直流到手指，將你所有的緊張情緒由此釋放出去。緩慢，均勻地呼吸。

放鬆你的手指。放鬆你的手掌。放鬆你的前臂。放鬆你的上臂。放鬆你的肩膀。放鬆你的胸腔。放鬆你的心窩。放鬆你的心窩部位，緩慢而均勻地呼吸。放鬆你的胃部。放鬆你的肚臍。放鬆你的腹部。放鬆你的髖關節。放鬆你大腿的肌肉。放鬆你小腿的肌肉。放鬆你的腳踝。放鬆你的腳。放鬆你的腳趾。感覺呼吸好像一路流到腳趾，呼氣好像一路流經你的身體，似乎你的整個身體在呼吸。

放鬆你的腳趾。放鬆你的腳。放鬆你的腳踝。放鬆你小腿的肌肉。放鬆你大腿的肌肉。放鬆你的髖關節。放鬆你的腹部。放鬆你的肚臍。放鬆你的胃部。放鬆你的心窩部位。放鬆你的胸腔。放鬆你的肩膀。放鬆你的上臂。放鬆你的手肘。放鬆你的前臂。放鬆你的手腕。放鬆你的手掌。放鬆你的手指。放鬆你的手指尖。

放鬆你的手指尖。放鬆你的手指。放鬆你的手掌。放鬆你的手腕。放鬆你的前臂。放鬆你的手肘。放鬆你的上臂。放鬆你的肩膀。放鬆你的頸部。放鬆你的牙關以及嘴角。放鬆你的臉頰。放鬆你的鼻孔。放鬆你的眼睛。放鬆你的眉毛。放鬆你的額頭。放鬆你頭腦中心。

緩慢均勻地呼氣，吸氣。感覺呼吸在鼻中的進出和接觸。呼吸的時候，呼與吸之間不要有停頓。呼出去之後，立即吸進來，感覺到呼吸在鼻中的接觸。身體保持放鬆。再次注意放鬆心窩部位。放鬆你的肩膀。放鬆你的牙關。放鬆你的額頭。繼續感覺呼吸在鼻中的流動，不要出現停頓。

現在，我們用「搜——瀚——」（so——ham——）這個瑜伽字音，它的意思是「我就是本我（Self）」。呼氣時，心中想著「瀚——」。吸氣時，心中想著「搜——」。繼續覺知呼吸在鼻中的流動，沒有停頓，呼氣時，心中想著「瀚——」，吸氣時，心中想著「搜——」。

呼與吸之間不要中斷，「搜——」與「瀚——」之間也沒有中斷。

現在，將雙手掌像碗一樣蓋住雙眼，不要停止覺知呼吸在鼻中的流動，不要停止在心中重複「搜——瀚——」，慢慢在手掌中睜開眼睛，身體保持放鬆。慢慢將雙手掌移開，合十當胸。繼續維持對呼吸的覺知，心中繼續保持「搜——瀚——」的字音。

願神祝福大家。

如果需要的話，你現在可以活動一下身體。

✤ ✤ ✤

各位來我們這裡上課的期間，我給大家幾點建議。首先，是你的坐姿。很多人顧著要把左腿放在這裡，右腿放在那裡。除非你已經能夠輕易地維持這樣的坐姿，而且脊柱能保持正直，否則你無法既觀察自己的呼吸又注意到身體的姿勢。身心的協調是冥想的第一步。因此，對於身體比較僵硬，暫時無法輕易盤腿的朋友，我建議你在靜坐的時候，步子不要邁得太大。此時不必急於去練腿該怎麼放，假以時日，它會聽話的。你在這裡的時候可以坐在椅子上，回家之後也可以。或者，你要坐在墊子上，注意墊子一定要夠厚、夠結實，坐墊太軟是不行的。你的腿輕鬆地交互彎曲盤坐。你可以先從坐在椅子上開始，慢慢地訓練自己習慣盤坐在地上。無論你坐椅子還是坐在墊子上，唯一的要求是要能夠輕易地保持脊柱的正直。

我要建議的第二件事是，我極力推薦你們把橫隔膜式呼吸法（腹式呼吸法）給練好。你們觀察我的呼吸，我是用橫隔膜來呼吸，你們可以看見我的胃部會隨著呼吸而輕微地起伏。不要以為鼻子是呼吸的主要工具，它不是。它只不過是呼吸工具末端的兩個開孔而已。呼吸時不要用力到像是在打氣似的，不是從肺部呼吸，而是從肚臍和胃部的區域呼吸。你可以站著練，坐著練，躺著練，仔細觀察自己的呼吸。橫隔膜式呼吸法是身體健康以及情緒平衡的第一個要求。平緩、均勻、深沉的呼吸，是冥想的基本要求。

所以，注意你的姿勢和呼吸，這是兩個建議。

第三個建議是——放鬆。剛才我帶領大家靜坐時，已經示範了放鬆的步驟。我建議你們可以用重複聽錄音[1]的方式來記住這個步驟，每天練兩次，直到你熟練了，可以無需再聽錄音，自己可以做到為止。

第四個建議是，閱讀斯瓦米拉瑪的《王道瑜伽：身心靈全方位實修的八肢瑜伽法》

（*The Royal Path: Practical Lessons on Yoga*），以及我的《超意識冥想》（*Superconscious Meditation*）。我極力推薦你們從閱讀這兩本書做為下手處，然後你有時間的話，再讀斯瓦米阿加亞（Swami Ajaya）的《瑜伽心理學》（*Yoga Psychology: A Practical Guide to Meditation*）。

如果你實在沒有時間的話，無論你身在何處，就只做放鬆以及呼吸覺知即可。例如你們此時坐在這裡聽講，就將你的注意力放在感覺呼吸在鼻中流動的情形，呼氣，吸氣，不要停頓，不要中斷。

這些都只是開始。這是我們在這裡教導靜坐冥想的最初步的練習法。然後，慢慢地，當你掌握到這個階段之後，會教你下一個階段。你掌握了第二階段，會再教其後的階段。我在開始上課的時候總是會告訴大家，這個課程永遠沒有盡頭。它有開頭，但是沒有盡頭。有人在這裡跟著我學習了三年、四年，還在繼續學習中。學無止境。當你在進步中，就會不斷發現新的問題。你越是探究，就越會生出更多的問題。你得到更多的答案，就有更多的問題。

但是，這些問題可不是智性上的問題，它們是關於「本我」的問題。我們形容冥想是一段自我的旅程，由自我，去到最終的「本我」。絕大多數人的一生中，他們所有的意識都是向外流，不停地朝著這個對象、那個對象，這個人、那個人。假設在房間裡有七個人，叫每個人去數有幾人到場，結果每個人只能數到有六個人在場，都在問究竟第七個人去哪兒了。你們的一生，所有的人際關係，所有的活動，在你們的意識裡，在你們的覺知裡，都是持著這種態度。

我們從小所受到的訓練，不管是來自父母還是學校，都叫我們把注意力放在外面，而不向內看。我們從來沒學過去觀察自己。大家坐在這裡，有多少人能知道自己此刻的情形。你知道身體表面的情形嗎？你知道自己背上的情形嗎？你隔多久才會覺知一次自己的背？你隔多久才會想到自己有腳趾頭？你隔多久才會想到自己是在呼吸？你此生有沒有覺知過自己呼吸的過程？你此生有沒有觀察過自己的思想，「我現在有個念頭。這是個什麼念頭？它是從我心中什麼地方冒出來的？為什麼會冒出這個念頭？為什麼我會動這個念頭而不是動別的更好、更有益於人生的念頭？」

冥想的過程，就是在訓練你把注意力開始往內轉的過程。你觀察自己，去弄明白，我是什麼？我是一塊岩石嗎？我是一座山嗎？我是一條河嗎？我是一粒石子嗎？我是一個人，這究竟又意味著什麼？貓和人的差別何在？我該如何觀察自己來認識自己？我有什麼潛能？我的心有多少能耐？當你在心中對自己說「我」的時候，是誰在說？說這個字的念頭是哪兒來的？當你腦中產生「我」這個字的念頭之前，是誰在對腦說，「產生一個電波，讓它變成那個我字」？在「我」還沒有進入你腦中時，是誰把這個念頭傳到心中，再傳到腦中，然後說出「我」？這個過程是怎麼開始的？你裡面哪個地方是「我」，能指給我看嗎？

冥想是在找尋、在發掘這個「我」的過程，是在回答「我是誰」這個問題，所以我們介紹大家用的第一個適合所有人的咒語是「搜—瀚——」，「我就是我找了一輩子的那個」。當我在尋找房中的燈光時，我找的其實不是外面的光，而是在找我內在光明的投射，所以我會喜歡光明，不喜歡黑暗。當我在尋找愛的時候，我其實是在找我的「本我」。找到那個「本我」，你就不需要依賴任何人，不依賴任何東西，能站在自己雙腳上。人們會有所依賴，時時需要有所依賴，不斷地去尋找可以依靠的柱子，把你的男朋友、女朋友當作依靠的柱子。一旦所依靠的柱子不見了，就會陷入憂鬱的低谷。能冥想的人就不會如此。

我想指出的是，此時的你，有如身陷於風暴中。你的人生從早到晚都是一場風暴，你找不到停泊之處。一直處於不確定中，不確定別人，不確定你自己，不確定你究竟認同什麼。不停地在搜尋，但又不知道自己在找什麼。就算你知道要找什麼，一旦找到了，你立刻又開始找別的。不是嗎？你要什麼，一旦到手你就不要了，又開始想要別的。這種渴望、渴求不停地在灼燒著你。人生所有的苦痛都是由渴望和期待所引起的，兩者都是以挫折收場。欲壑難填，人的欲望是無底的。

以人生的難題為例。你此生面臨過一次又一次的難題，當你上一次遇到難題時，你對自己說，「這是個最大的難題。只要能把它給解決，一切就都沒事了。」現在那個難題已經過去了，一切是否沒事？一旦你越過峰頂，一旦那個難題解決了，下一個難題就來到。現在你已經忘了前一個難題，「唉，這是個難題。這真是個大難題！只要我能解決這個難題，一切都會沒事。」如此日復一日，年復一年，生復一生，都在同樣的打轉。

在某一生、某一世，你一定要學會如何從這個旋轉中的輪子上走下來。走出它。要如何走出來？你的一生都是在刺激－反應，刺激－反應。你的感官黏著物質世界不放，因為感官也是由物質所構成，物質和物質相互吸引，眼睛的視力會受到外在光線吸引，耳朵的聽力會受到外在音聲吸引。感官都是向外面跑的。但是你裡面有一個「那個」，有人稱之為「神聖本我」，有人稱之為「超級心識」，有人稱之為「神」，有人稱之為「我內在的未知者」——無論「那個」是什麼，它在你裡面呼喚，否則你不會聽到它。不是這個禪修中心在呼喚你，是你裡面的那個在召喚你。你上教堂，不是教堂的鐘聲呼叫你去，是裡面的那一位在召喚你。當你去圖書館借了一本關於人以及人性的書來閱讀，想要了解自己是什麼，那可不是圖書館或是書在呼叫你，是你裡面有一位在召喚你。

在你人生的風暴裡，有著一個風眼，有一個絲毫不受風所影響，有一個在所有的變異當中不變異的。想像你自己如同一粒種子，有如精卵結合，那就是你以前的樣子，是我以前的樣子。你能想像自己是七個月大的胚胎嗎？你那時的意識狀態是如何的？你能回想起來嗎？那時有何覺知？那時你的欲望是什麼，在母親肚子裡面踢動嗎？想像你自己是三歲的孩子，一路上來十五歲、十七歲、五十歲、七十歲。在經歷所有那些的改變中，有一樣東西是共通的，你說：「我，我還是同一個我。」

很多人問我關於轉世。你不必相信有轉世才能冥想，我只不過提出來當作例證。澡缸內壁留下一圈汙漬，就是有轉世的證據。你每天洗下來死去的皮膚，有一部分附著在澡缸上，你又不斷生出新的皮膚。從你受胎的那一刻開始，身體的每一個細胞都在變、變、變，你的身體早就不是同一個身體。那麼，是誰在說，「我還是同一個我」？誰是那個不變的，那個永恆的，在說「我」的那個？冥想，就是在找尋那個「我」。

你會說：「我可不想從這個世界抽離。這個世界是個需要作為之地，我寧可去服務他人，而不想去開始探索我的本質是什麼。為什麼要退縮？為什麼要逃避？我為什麼要檢視自己的內在？」

我的回答是，你一生中能做的最無私的一件事就是能認識到你的「本我」。假如你不認識你的「本我」，就無法認識任何其他人。假如你的情緒不能夠平衡，就無法將快樂帶給別人。假如你沒有在自己裡面找到愛和喜樂的源頭，就無法將愛和喜樂帶給別人。你給的都是在表彰你的「我執」（ego），你自以為是在救世濟人，會認為，「我真了不起。瞧我多麼無私，幫了這麼多人，可是居然沒有人注意到我，沒有人謝我。」你是否為了要得到感謝才去助人？

我執不是「本我」。我執是「本我」的敵人。冥想的哲學是要我們揚棄我執，發現「本我」。這是你唯一可以發現你的本質是什麼，發現你人生的使命為何的途徑。「我執」是什麼？它是你我誤認為自己的那個。我們為什麼會認錯自己？因為你對自己的看法完全來自外在，不是來自你自己。你是依據自己的外貌、自己的情緒、別人對你的評價，來建立對自己的看法。當你透過冥想的過程，就會發現那些都不是你。你真正的那個自己不是由外界強加諸於你，不是你的外型，不是你所擁有的財產和學識，也不是你的思想和個性。這些都是外在加諸於你的，是你受到的影響而誤認為是自己。然而，真正的你是不會被影響，反而可以去影響外在的。

那麼你要如何去發掘那一位不受影響的永恆「本我」？冥想是一條路徑，你由此從較粗的去到較細的，從較外去到較內的。假如你本身不是處於平和的狀態，是否能讓鄰居和家人進入平和？首先，你自己要能平和，才能將平和帶給別人。能夠做到這個地步，你會發現別人反而能帶給你遠超過自己能想像到的平和。

你有沒有觀察過，你講電話時的腔調會引起對方相同的腔調？你打電話給某人，急促地說：「喂！」接電話的對方也會急促地回應你：「喂！」假如你很緩和地說：

「喂——？」對方也會如此回應你。你在電話中用什麼腔調，就會得到什麼腔調的回應，你有留意過這個現象嗎？你下次打電話時試試看是否如此。

世人就是你的鏡子，你的親人都是你的鏡子。如果你的臉浮現著光采，是乾淨的，鏡中所反映你的臉就是乾淨的。冥想是在洗淨你心的面目，你就是你的心。冥想的哲學說，你基本上就是你的心。除了你的心，你還剩下什麼？舞蹈者的一切動作是由心學習而來，一切動作是由心來指揮運作，如果沒有了心，舞蹈者立刻就不會動了。是什麼能嚐到食物的味道？不是嘴，是心。是什麼會愛？不是你的激素，是心。是什麼在做決定？是心。是什麼會接受、拒絕、期待、滿意、失落？是心。

人類的歷史是人心的歷史。人類發明的工具都來自人心的想像力。然而你忘記了這個心。在你的家中，你有專門的地方給身體吃飯，你有專門的地方洗浴身體。你有專門的地方讓身體休息。你家中是否有個專門地方來餵你的心，來清洗你的心，讓你的心休息？答案是沒有。難怪我們的心如此分馳，有這麼多風暴，有這麼多挫折。

冥想是在餵食你的心，讓心休息，清洗心。每天五分鐘、十分鐘、十五分鐘，讓你的心休息。從那個滿載著當天的難題、期待、挫折旋轉的輪子上走下來。走下來，走出它，截斷這個不停地「刺激—反應」的循環。有什麼東西觸到了你，有人望著你，你就起反應。擠滿了人的屋中，大家都在交談，雜音很多，在屋角有人輕聲提到你的名字，你的耳朵就立刻豎起來，起了反應。

你什麼時候才能學會你該主動地作為，而不是被動地反應？你的作為要發自於內在的那個中心點，那才是主動，才不是在反應。只要你的意識還是掛在這個東西、那個東西、這個人、那個人上面，只要你還是認為自己就是這個身體，長頭髮、短頭髮，你就無法主動，還是被動地在對那些東西起反應，你就和自己內在那個真正的、純粹的自己失去連繫。

瑜伽冥想的教學，儘管會提及一堆哲學理論，但是它主要還是在實踐，在下手去練。今天跟大家談的是給你們起個頭，我相信會引起你們有更多的問題，而不是答案。但是也許你們會慢慢、慢慢地摸索出答案來。

瑜伽的教導，自古以來都是在傳承中師徒以口耳相傳的方式為之，至少有三十五個世紀之久。每個家庭也有傳承，我從四歲半開始，每天清晨就跟著我的父親靜坐一個小時，然後跟他學習梵文的典籍。然而，比典籍更重要的是口授，師徒直接的接觸，相續不絕。我跟我父親所學的，是他從他的父親那兒學來的。其後我的上師斯瓦米拉瑪教給我的，是他由他的上師那兒學來的。這個上師傳承一脈相承，我們大家現在坐在此地，就是一起坐在這個傳承的法脈中。

我們提到有一個純粹的「本我」，在梵文古籍中有一句話，音調很有韻律，告訴我們它是什麼：nitya śuddha buddha mukta svabhāva，自性本來清淨、本來智覺、本來解脫。這個就是我們的自性，就是「本我」，一直是清淨無瑕、一直是智慧覺悟、一直是自在解脫的。那個，就是我的「本我」，so'ham，我就是那個。

其他所有的一切，都是附加物，都是堆積在我心中的外物，是經由我們感官的開口流進來的。當我們靜坐冥想時，是要把心中這些染汙給清乾淨，讓內在最深、最純淨的那個來取代。你要去找到那個源頭，那兒有著巨大的能量、愛、喜悅。這跟宗教無關，不過，我個人以為這在某種程度上可以檢驗宗教。假如神是無所不在的話，那祂一定也在我裡面，我就要在自己的內在去找到那一位。

有的人來參加這些課程，目的只是在求放鬆，那麼這裡的身體放鬆法和活動法能夠幫到你。不過，如果你沒有一套人生哲學的話，就不可能真正活得放鬆自在。我說放鬆的人生，你可能就會想到住在什麼氣候宜人的地方退休養老。不是的。我所謂的放鬆地活，「鬆活」，意思是即使你站在櫃檯後面賣東西，排隊等著結帳，堵在大塞車的車陣中，在考場上填寫試卷或者趕著工作報告，每天要工作十八個小時等，在各種情況中都能放輕鬆。因為在這些風暴中，你會找到一個絕對寧靜的風眼，你的行為要發自於那個地方，你從那個地方獲取精力，從那個地方抽取能量讓自己不至於失去平衡。

所以，你們今晚離去時，不管你是自己開車或是在等巴士，要記住這個，我們所有練習的第一個字是「覺知」，你要記住保持身體的放鬆。你會問：「這哪有可能？我在開車怎麼能保持放鬆？我站在巴士站怎麼放鬆？」很簡單。觀察自己，覺知你的呼吸，就從這個地方開始。當然這不是冥想的終點，只是冥想的起點，如果用英文字母來比喻的話，只是A、B、C，也許最多到D而已。你就由這個地方開始。

你們大家坐在這裡，我在講話，按理我應該比你們還要緊張才是，可是我看見你們很多人額頭上都是皺紋。我的額頭是完全放鬆的，這是因為經由冥想，我學習到如何只用到需要用到的部位即可。我在講話時，只需要用到心的某一個部分以及講話所要用到的肌肉。我講話時既然不需要用到額頭，為什麼要皺眉？不需要用到肩膀，為什麼肩膀要緊張，明白嗎？所以你要觀察自己在做什麼，觀察你的心在起什麼作用，不需要用到的部位就不用出力，然後一切行動要發自你內在的最深處。

你們看我的右手臂現在正在出力，是緊張的（斯瓦米韋達請一位學生將他的左手提起，鬆開，手臂隨即落下，如此重複幾次），可是左手完全是放鬆的。如果你們用儀器來測量我的肌肉反應，結果是一樣的。所以我說你可以在日用之間放鬆自己，是完全有可能的。當你在跟客戶、病人、醫生講話時，放鬆。慢慢地、漸漸地，你的練習會更深。

你可以聽我們教放鬆法的錄音跟著做，一天兩次。你今晚回去就開始練習，明天早上開始一天的活動之前再練一次。

現在大家可以提問。

**問：（問題沒有被錄音）**

將來我也許會跟大家專門談談上師與弟子之間的關係。他是我一生最敬愛的人，然而，他對我的愛遠遠超過我對他的愛。那是一種非常特別的關係。在他身邊，我總是會有一種特別平靜的靈性體驗。

我舉一個例子。有一段時間我每天跟他通電話，通話時我總是有很多事想要問他，要請示他，不論是行政上的事項，還是任何其他的問題。他會說：「好的，好的，把你所有的問題寫下來，列一張單子。下次我來的時候，一次幫你解答完。」等到他來了，我說：「斯瓦米吉，我的問題——」他說：「不，今晚不行。明天吧。」所以我等到第二天再去見他，我正要提問。「問題！你的問題！你明天再來問。」如此幾次之後，有一天我終於有機會坐在他面前。「好，告訴我，你有哪些問題？」我看著那張問題清單，忽然覺得都是一些傻問題，我知道答案，所有疑問一下都消失了！

一位到達了超意識境地的人是沒有疑問的，你在他面前時，內心沒有任何衝突。但是，他有時候會故意製造衝突，為的是要你看見自己的衝突何在，然後他幫你學會如何去化解、去調和衝突。這是他對我的影響。

在他面前，我和他是一體的，都在那個完全靜止的「本我」中，而其實你們和我也都是一體的。以後，當我們一起靜坐冥想時，希望你也能發現，當我們一起默默坐著的時候，心中沒有念頭，沒有疑惑。那是一個我們都在其中的靜止場域，在其中，這個我，這個你，就像是同一個燈具中的兩顆燈泡，流經我們的是同一道電流。我們都在同一股生命之流中。

## 譯注

[1] 斯瓦米韋達的放鬆導引錄音（英語）「Basic Relaxations」可以從網上下載：www.cdbaby.com 或者 www.amazon.com。

# 第4章

# 一九九八年上師節講話

這是斯瓦米韋達於一九九八年上師節，在美國明尼亞波利斯市的喜馬拉雅瑜伽禪修中心緬懷上師的講話紀錄。

今天早上我才和一群在新加坡的朋友們通話，我從那本名為《上師之歌》（*Guru Gītā*）的集子裡面，為他們選讀了幾段頌句。那些誠心把自我交付給神聖上師的人，會去閱讀《上師之歌》，有些人更是每天都背誦裡面全部的頌句。

我坐在這裡，想起我們的上師天，斯瓦米吉，我們以前所受到的福報，我們從一九八〇年到一九九〇年有過十年的福報。每逢上師節，他都會用電話跟我們講話。這次我們把所有他講過的話打字集成一本小冊子。可是那和聲音不同，雖然字是一樣的。

他一再、一再地說，guru（上師）這個字分為兩個音節，gu（古）和ru（如）。《上師之歌》的第四十四到四十七段，解釋了這個字的兩個部分。gukāraś cāndhakāro hi, rukāras teja ucyate, ajñāna grāsakaṁ brahma, gurureva na saṁśayaḥ。gu（古）這個字的意思是黑暗。ru（如）這個字的意思是明亮、光明、光輝。那個把黑暗融入光明，消滅了黑暗，那個「梵」，那個「梵」就是古如（上師），是無可置疑的。

我又想起曾經讀過，本世紀上半葉最偉大的瑜伽士：馬哈希・拉瑪那（Maharshi Ramana）的事蹟。在弟子眼中，他患了末期癌症，所有的醫生和弟子全力搶救他的身子。他說，你們在幹什麼？我自在的靈魂所患上的最大疾病，就是有這個身體。現在要用一個小小的疾病來解除那個最大的疾病，你們居然要剝奪我對治那大病的解藥。你們為什麼要這麼做？

《上師之歌》第四十五段頌句說，gu（古）是疾病，就是這個叫做物質的生命，ru（如）是這個疾病的解藥。能夠抵擋、治療這個叫做物質生命的疾病，就是上師（guru）。

第四十六段頌句說，gu（古）是梵文guṇātīta的簡寫，guṇātīta意思是超越原物的三個質性，超越了悅性、動性、惰性，是那超脫了所有的三合關係，超脫了所有對立，而宇宙一切物質都是由悅性、動性、惰性組合而成。ru（如）則是rūpātīta的簡寫，意思是超越了形色，超越了質性。所謂上師，就是能帶領我們證到那個超越質性，超越悅性、動性、惰性的實相，因而超脫了形色。

第四十七段頌句說，gu（古）是第一音，從這個原音，神創造出宇宙，所有的宇宙幻相從它顯現出來。ru（如）是那至尊的「梵」，最終將我們從那個幻相中解脫出來。

根據《上師之歌》，這些就是「上師」（guru）這個字詞的意義。

我們的上師天，斯瓦米吉，寫過好幾本短集。一九九六年上半年，在他捨離肉身之前，他要弟子們為大家集結了最後一本，就是《神聖旅程：揭開生命與死亡的奧祕》（*Sacred Journey: Living Purposefully and Dying Gracefully*）。那時我們還沒意識到，他所寫的是他即將踏上的神聖旅程。書中有兩個重點。第一，你們所謂的死亡其實是個幻覺，根本沒有死亡這回事。他在另一本書《火與光之道》（*The Path of Fire and Light*）中說，對於那些不朽者，已經證到不朽之理，脫去這個身體是值得歡慶、享受的事，不是苦痛。所以他為我們解釋如何才能做到，為什麼我們活著的凡人一想到死亡就會顫抖，不，不，不，不要提那件事，而對於像他那樣的瑜伽士，那是個快樂的時刻，要慶祝的時刻。

問題來了，我們該怎麼辦？上師走了，我們會如何？誰來指引我們？他在《神聖旅程》裡就是在回答這個問題。你要一讀再讀。去年我來到此地時，就計畫根據這本書做一次講座。他告訴我們，人是永遠成不了上師的。上師不是人所能經驗的。更妥切地說，上師不是感官所能經驗到的。成為上師是一種神聖的體驗，是個人讓一己成為用具，是個人讓自己成為接收和傳導那萬能之能的用具，然後就發生了，是上師在顯示。若要到達那個地步，個人必須學會無私，必須學會去愛。真愛沒有期待。我的老師說，作為一名斯瓦米，對個人的情緒要做到一無所求。兩個星期前，《明尼蘇達論壇報》（*The Minnesota Tribue*）的記者來做專訪，我說了這句話，她難以置信，無法相信這是可能的。但那確實是可能的。真愛一無所求。真正的上師活在如此的境地中。他們就是基於無私的愛而開悟。

我問過他，斯瓦米吉，我怎麼知道在學生之中哪個值得栽培，我該注意哪個？他說，兩件事。第一件，他們是否克服了懶散。在我們這個禪修中心裡，有一個人真的克服了懶散。他的名字是潘迪特·阿難達（Pandit Ananta，按，就是今日的斯瓦米瑞塔梵〔Swami Ritavan〕，斯瓦米韋達的繼承人）。日夜不停操勞，沒見他打過呵欠。像他這樣的人，值得注意。

他說，第二件，是無私。如果你能無私，你才是弟子。如果你不能無私，你只是學生。你無私，才是弟子。你不能無私，就只是學生。

有些人對於什麼是上師，連什麼是老師，都早已形成了定見。很久很久以前，有人寫信給我。他說：「你完全不符合我心目中父親人物的條件！」我可從來沒聲稱自己是任何人父親人物的形象。上師不是一個父親人物，上師不是一個教士人物，上師不是心理輔導師人物，上師不是免費的心理治療師，不要以為你現在拜了上師，就可以省下心理治療的錢！

多年前，大概二十年了，聖保羅市的一家報社，有過一個專題報導系列，題目是「專家中的專家」。例如，他們訪問一位頂尖的心臟外科醫生，問他，如果你有心臟問題會去找誰治。他們問形象設計專家，你要美化自己會去找誰？他們問我：「聽說你指導過很多人，輔導了很多人，你自己有問題時找誰指導，找誰輔導？」我說：「我去找我的上師。」「他是誰？」我告訴他們。「那他會花多少時間為你輔導？」「每年至少會給我一分鐘，但是那一分鐘的代價可是不低的！」

有時候，學生認為心目中上師應該是如何如何的。一旦不符合他們的期待或是定見，學生會不滿，甚至會離開上師。這可不是弟子待師之道。你們應該去讀《神聖旅程》這本書中〈神聖的恩典〉那一章。發心想要從學生升格為弟子的人要聽好了！他說：

弟子與上師的關係立基於無條件的愛，在愛的所有型態之中，這是最純粹的一種。弟子可以對上師完全敞開，不需要對上師有所保留。這也是為何在傳統上，學生來到上師面前的時候，會供奉一捆木柴，請求上師予以燃燒。……在這個又砍又燒的過程中，上師是毫不留情的。上師的工作不是握著弟子的手，幫弟子把眼淚擦乾，而是把弟子的自我以及其他所有會妨礙弟子得到自由的東西，砍成碎片。上師不允許依賴。如果弟子變得太過依賴上師，上師會將弟子一把推開，堅持要他獨立。那是一種最深刻的愛，有時候這種獨特的表達方式，會讓人感覺不近情理或超乎常理。

我告訴你，那種被劈剁、被灼燒的經驗，我領受過不少。

你知道他怎麼做？他會花時間跟別的學生講話，當他來到我們這個禪修中心，完全不理會我。那些我認為比我付出少的人，那些對上師奉獻不如我的人，他讓他們成天圍著他講話。我要跟他約時間，「好好好，明天再說，後天再說，明天晚上吧。」就這樣應付我，然後到他離開我們這裡，我都約不上他。

他讓我起嫉妒心。我是多麼地嫉妒！但是，我把那感覺藏在心中沒有讓人知道。其他所有弟子都能親近他，就只有我不能，讓我妒火中燒。而我越是嫉妒，他就越不理我，但他什麼都不說。

在那個過程中，他其實也是在教我如何處理自己和弟子的關係。後來，我內心到了一個地步，我終於走到了那一點，明白到：就算他理我，也不會讓我興奮，他不理我，也不會讓我沮喪，不會讓我嫉妒。我一想通了，他反而馬上主動來找我。這整個過程中，一個字都不用講，那就是他輔導人的方法。

這個經過灼燒後才能學會獨立的故事很多，我最喜歡講的是這件事。

有一次，他說他必須要跟我保持距離一段時間，要我做好準備。當時我不明白他是什麼用意。他其實是在把我準備好。他的意思是：「不要把這個身體當作是我。」

有一天，當時我們在賓州的道院中，我的房間和他的房間只隔了三、四個房門。我心中忽然起了一股極大的渴望，想坐在我的上師旁邊。此前我一直能控制這個渴望，因為他的吩咐是：「除非我找你，否則你不要過來。」但是那一天，我鼓起勇氣，捧著我的心，走到他門前。我轉了門把，房門沒鎖，所以我靜靜地推開門進去。

他坐在房中，助理和學生們正圍著他在講話。我進去，對他行禮。

他看著我，「有事嗎？」

我說：「斯瓦米吉，我，我今天只是想坐在您身邊。」

他說：「出去！」

我堅持坐了下來。

他起身，轉門把，打開房門，往外一指。

見過他的人都知道，當他嚴肅起來的時候，大家都知道是什麼意思。我靜靜地站起來，走了出去。我的心情和步履都非常沉重。心想，這就是我的上師，我連去他身邊坐幾分鐘都不行？我就只有這個卑微的要求都不行？

我回到自己的房中，坐在沙發椅上。奇怪的是，我一坐下，就忘了自己，身體完全失去了感覺。那時不到晚上九點，當我再度睜開眼時，已經過了半夜，三個多小時純然的喜樂境地，不覺身體的存在。我心中彷彿聽見他對我說：「你要坐在我身邊？這就是了！這不是身體和身體之間的關係，別理身體，把你的心連上我的心，你就會是坐在我身旁，否則就出去！」

這個要學會，很難。你只有完全靠恩賜，才能學會。大家都不明白，那是多大的恩賜！

還有一件事，就是他從來不讓人拜他。剛才你們對他的肖像做拜祭，這會讓我遭到一頓毒打。他從不允許人去到他面前——他准我，但是不准別人——到他面前做這種拜祭，做火燈祭（譯按，手持火燈行祭禮）。這也是為什麼他從來不准在這個廳中掛他的肖像。我們這裡本來都沒有他的肖像，只有樓上才有。現在為了方便大家對他致敬，才在這個廳中擺放他的肖像。

他走之前曾經嚴格指示，他說：「不准為我立碑建館。」依照印度的傳統，聖人的遺體是神聖的遺物，是不會火化的。其他人都火化，但是出家人斯瓦米，不會火化。斯瓦米要土葬，然後會在其上立一個碑或是其他紀念設施。但是他選擇要火化，因為如果他准許遺體土葬的話，接著有人就會在墳上立碑，再下來你們去過印度就知道，信徒就會來拜。每年就會來上五十萬人，在此拜祭供奉，燃香點燈獻花。結果呢？那個原本已經解脫了的靈魂就會被拴住，他就必須要回來照顧別人。他用自己的方式安排後事，他不想被拴住。因此他被火化。那叫做無己。

他為印度高沃爾大學（Garhwal University）捐了一大筆錢，那是在山區，離我們的住處不遠，他的條件是任何地方都是不許提他的名字。上師是來牽引領路。在此，我一再要大家記住，特別是他的身軀已經離開了我們，要記住他在書中說過的話，人不是上師。上師是一股普在的能量，那是一個宇宙的謎團，上師的概念是一個宇宙的謎團。你要了解「上師」這個詞的意義，去讀《聖保羅書》，把書中寫到的「耶穌」這個字換成「上師」，他就像是在講自己的上師，你就會明白我們講到上師時的意思所在。

我們現在所慶祝的節日是上師節（Guru Pūrṇimā），意思是上師的月圓日。在東方的傳統有一系列敬奉聖人的月圓日，例如佛陀月圓日、上師月圓日，下個月是仙聖月圓日。在印度，每個月至少有三個日子是非常神聖的。當然還有別的日子，例如在無上密學室利毗底亞（Śrī Vidyā）中提到，有十六個月相日。但是一般印度傳統有三個，就是：朔日、新月日、望日。朔，是完全沒有月亮，夜晚月全黑。新月，是能見到月亮的第一日。望，是滿月。

昨天我無意中翻到《奧義書》的某一頁，其中一段文字就是在說這三天。這是一部比較少人知道的《奧義書》，有些瑜伽士每天會背誦一遍，那就是《圓梵奧義書》（*Maṇḍala-brāhmaṇa Upaniṣad*）。書中說：「朔日無月，晚上是全暗夜，乃瑜伽士所嚮往。」你可不要將這個「暗夜」給會錯意。這裡所用的「暗夜」，和聖十字若望（Juan de la Cruz）在他的西班牙詩句中所歌詠的暗夜，意義相同。他詩文的第一句就說「心靈的暗夜」，根據他自己的解釋，是感官的完全靜止。在英文中，**dark night**（暗夜）卻變成了悲觀主義，那不是他的原意。當外在世界被捨棄了，感官就關閉起來。在別人眼中看來，瑜伽士是坐在那邊不理世事。他完全看不見外在的世界，但他的內在是絕對地靜止。那是未來佛悉達多太子從宮中出走的那個夜晚，是聖十字若望渴望出離一切的那個夜晚，是那個暗夜。在神祕的傳承中，那就是無月的夜晚，朔日。

新月，是光明剛開始照射的時候。根據無上密學的傳承，日學的傳承，也就是我們這個傳承，整個脈輪系統，那些心識的中心，是分為三個世界：火界、日界，以及月界（agni-maṇḍala, sūrya-maṇḍala, candra-maṇḍala）。他們所說的，那種一萬個太陽之光的境地，是比較低的體驗，就是奎師那（Krishna）賜予阿朱那（Arjuna）的體驗，那還是在日界的，不是月界的，他還沒有被帶到最高的境界，他領受到的是日界的體驗，是一萬個太陽之光的世界。在那個之上，是證悟之光，所以開悟在英文是en-light-en-ment，那像是有一萬個月亮之光在頂輪，從千瓣蓮花的脈輪照射下來，是非常清涼的光。像我們上師天這樣的瑜伽士，當他們捨棄肉身的時候，他們和那樣的光就合而為一。當他們為弟子示現的時候，那樣的光似乎從他們發射出來，或者說光似乎是他們的身體，那個光成為他們的身體。

望，滿月，那是意識狀態到了不再摒棄外在世界的地步，此時內在世界大放光明，在那內在光明中也見到外在世界。從外在世界走向內在，是起初的境地。更高的境地，至上上師的境地，是在內在的光明中見到宇宙。所以，看到那種真實，和你我所看到的物質真實，是大不相同的。那個境地就叫做望，滿月。我們慶祝外在的滿月，只不過是一種象徵意義。我們都願求那個境地。為什麼？你知道為什麼？因為到了那個境地，我們就能夠解脫還在苦海中掙扎的所有眾生。那是尋求開悟的唯一目的。到了那個光境地的人，不只是光而已，他能獻出自身做為那個上師靈能的載具、媒介、工具。這樣的人才是上師。所以我們要向這樣的上師，稽首頂禮。

遠在外地收聽的人，以及這裡在座的各位，請在此刻發願，無論此生是否能夠徹悟，你只需要做一件事，就不會為了上師離世而如此傷心失意。那件事就是，當恩賜到來的時刻，你要到場。所以你要定下自己冥想的時間，一到時間就上坐，就不會錯過恩賜。

我說過很多很多次了，早在一九七二年或是一九七三年，我們經常在農莊的戶外舉辦靜默營。我們都住在帳篷裡，斯瓦米拉瑪住在其中一個帳篷。忽然有人跑來找我，那個時候還有個人叫做艾瑞亞博士（Dr. Arya，譯按，就是斯瓦米韋達出家前的名字）。那人跑來呼叫我，「艾瑞亞博士，斯瓦米吉要你去！」我立刻趕過去，進入他的帳內，彎腰作禮。「坐下！」我坐下。他說：「讓你開悟是我的事。不要壞了我的事。」我俯首感恩。「出去吧！」我起身走出。他對我的承諾至今仍然不變。當你的上師來找你，你卻不在場，當恩賜降臨要加持於你，你卻缺席了。不要缺席。

另一方面，我們都想過，我們上師天的肉身離開了我們。他捨棄肉身時，我零碎地寫了一些東西。其中有一段是沿用了紀伯倫（Kahlil Gibran）的文字。紀伯倫曾寫道，從前，美麗和醜陋去海中洗浴。醜陋先從海中出來，穿上美麗的衣服，去到市集中。美麗稍後洗浴完畢從海中出來，發現衣服不見了，只好穿上醜陋的衣服，去到市集中。從那時起，人們誤以為美麗是醜陋，而醜陋是美麗。

我依照他的文風寫下去，應和他：

「現身和隱身去海中洗浴。隱身先出來，穿上現身的衣服，去到市集中。當現身出來，他只能穿上隱身的衣服，去到市集中。從那時起，人們誤以為隱身是現身，而現身是隱身。」

那就是血肉之軀的上師似乎隱身而去的道理所在。只要你想，隨時都可以和上師連上。當弟子進化到某一個程度，到那個時候，上師絕不會遠離。每當問題來臨，弟子會知道去哪裡找上師，或者上師知道弟子有問題，就會來到給予答案，給予指引。就是在那樣的指引中，上師的使命會無私地延續下去，無私的使命。而在你的人生中，你越能夠無私，就越能夠體驗到那份恩賜。

願神祝福你。

# 第5章

# 靜默

以下是斯瓦米韋達二〇〇七年在美國明尼蘇達州主持靜默營時的講話紀錄。

你們大家坐得太遠了！把椅子拉過來，靠近一點。我無法感覺到你們。靠近一點，不要怕，我會把我的心收攝回來。再靠近一點。

靜默的目的是什麼？

對有些人來說，靜默的目的是：讓心能夠完全地休息。但，那只是次要的目的。生命的目的是什麼？來這個世上的目的是什麼？在印度，我們說，人不知道過去有過幾千次轉世，最後才得到福報而有這個人身。有人身，我們才可以從事修行，真正認識自己。然而，我們整個人待在這個身體裡，卻和自己遠離。遠離自己，走入自私。

遠離自己，走入自私。這個用詞並沒有矛盾。你把自己認作是世間的一切對象，執著於把自己當作一切在世間所經驗到的對象。你將那個吸收進入你的覺知，然後把那個所經驗到的認作是你，把自己視為是那個。用這些人為的，用這些一層又一層人為的自我——你行動、你思維、你感覺、你哭泣、你笑、你找尋、你追逐——但根本找不到真正的滿足，只有經常的挫折感、失望，以及經常自問：「我為什麼來到這個世界？」如果你知道「我是誰，我是什麼」的答案，你就會知道我為什麼來到這個世界的答案——此生的目的何在、我為何而來。

神祕蘇菲（Sufi）教派的大師魯米（Rumi）說：

看看神如何提升了你，你曾經是礦物，有著礦物的意識。那個時候你的意識是礦物的意識，所以你把自己當作是那礦物、那岩石。神提升了你，所以你變成了植物。你將自己認同為植物的意識。那個時候，你用埋在地裡的嘴去吸允液體。

植物的嘴是埋在地底下，用來吸取土地中的液體，所以你的嘴埋在土中，吸的是地裡面的液體。然後才有辦法把那些液體往上拉，拉到枝葉中。那是你所能想像到最自然的存活方式，當你身為植物時，那就是你的意識層次，你的覺知層次。

魯米繼續說：

你的嘴、你的頭終於從地底下跑了出來。你成為水平的動物，是能走動的動物，是會飛的鳥。

但你仍然是水平移動的，無論是雙足還是四足踏地，對動物是自然的，對你也應該是自然的，沒有比那些更自然的了。

植物現在變成了你的食物。

植物是你一度具有的形態，你曾經是它，它現在成了你的食物，這不是很好笑嗎？

你水平走動，你的眼睛看著地面，那成為再自然不過的存在形態。

你無法想通，為什麼有些奇怪的生物能直立站著。

魯米繼續說：

由於神恩，你成為人類。直立站著，你的頭在上，朝著天，不再埋在土中，吸著土裡的液體，完全轉了過來。

在你忙碌的生活中，可曾想過這個。這個是你的歷史，是你的傳記。是你的傳記，也是我的。但是，你的頭仍然埋在土裡，你的嘴仍然在土中。那個被放置在朝天的頭，幾乎從來沒在想著老天，幾乎從來沒想過你的本來就是老天。現在你的意識已經進化了這麼久遠，在你的意識中，你的覺知中，你的執著中，下一步是什麼？你下一步所嚮往的是提升成為什麼——這就是你為什麼會來到這個世界的目的。

你自問：我為什麼來到世間，我們為什麼來到地球，我生命的目的是什麼？

你生命的目的，是求進一步的提升。你有這麼去做嗎？目前你的意識，是把你目前的我執認作你：我有濃密的頭髮，我是禿頭。就是這種執迷。我是美的，我是醜的。我見到美麗的人，我成了醜人。見到比我醜的人，我成了美人。你究竟是美的還是醜的？你拿不定主意，你心目中所執迷的你不停地在變，不停地在變。一會兒這樣，一會兒那樣。一會兒快樂，一會兒不快樂。你拿不定主意自己是快樂還是不快樂。你絕大多數時間是不快樂的，因為你不停地執著於把不是你的當成是你。你沒有辦法去靜思我們的真實本性，以得到解脫。我們不去求真自由，只會空喊，自由、自由、自由。心的獨立，你不說、不去求。你去求世間各種各樣的獨立自主，就是不求心的獨立。心不停地、不停地去依賴別的東西、別的東西、別的東西，這邊什麼東西、那邊什麼東西，都是受到這邊某個人、那邊某個人的影響，讓你快樂或不快樂。

你嘆道：「噢，神啊！他對我大聲怒罵，他打我，他壓制我，他嘲笑我。」是的，他做了那些事。但是你呢？你有做那些事嗎？你為什麼要如此受人家的所作所為擺布？有人咒罵你、嘲笑你，你為什麼要讓自己的心態由他來做主？難道你不能做得了自己心態的主！這是你的心，可不是別人的心，不是他的心。

現代人用這麼多化妝品來美化身體，因為你認為自己就是這個身體。敷上化妝品，然後你說：「我美。」可是心靈的化妝品呢？你該求的是，心能做得了自己的主。不要受到不是真的那個你，不是那個本來的你的外物或者經驗而擺布。那麼你才能無私，那麼你才能無己。這聽來似乎矛盾，但矛盾中含著至高真理。像是，「岸流河不流」。

靜默的目的，在於停止把你所習慣執著的對象當作是你自己，你不是那個。有人嘲笑你，你為什麼要認為自己就是他所嘲笑的那個？你說：「我不快樂是因為有人笑我。」他笑由他笑，和你有什麼相干？你跟那嘲弄有什麼關係，你為什麼要接受它、執著它，把它變成你人格的一部分？有人把髒東西丟在地上，你拾起它，是「你」拾起它，不是別人拾起它，然後你說：「他把我弄骯髒，現在我變髒了，現在我憤怒，現在我不安。」誰讓你如此？你該求的是，心能做得了自己的主。

靜默的定義應該是，練習讓心能自主，不要依賴那些外物來認定自己，不依賴世間經驗以及它們的對象。那麼，智慧就會自然流出來。能放下知識，智慧就開了。你知道智性的知識和智慧的區別何在？智慧能引領你的心去實現此生的目的，也就是提升到下一步，從礦物到植物，從植物到次於人類的動物，到目前這個稱為人類的動物。

古老的摩奴法典說：

食睡懼與性，（āhāra-nidrā-bhaya-maithunaṃ cha）
人與禽獸同。（samānam etat pashubhir narāṇām）
唯有德異之，（dharmo hi teṣhāmadhiko visheṣho）

無德人獸同。（dharmeṇa hīnāḥ pashubhiḥ samānāḥ）

斯瓦米拉瑪總是提到這四個泉源：耗用（āhāra，就是進食）、睡眠（nidrā）、恐懼（bhaya）、性（maithuna，交配）。

恐懼，就意味敵意。恐懼，就意味憤怒。恐懼，就意味攻擊。恐懼，就意味盡一切努力防禦，你一切防衛的防衛力。

這四個泉源，四件事，四種欲望，在人類和非人類都一樣，沒分別。是人類和非人類的動物都有的。唯一能區別人類的，是你能求智慧德性。你求的是人生的智慧，不是資訊。今日世界的資訊，比起以前任何時代都要多。有更多的植物、動物、物種被發現和歸類，它們的物種被明確辨認出，被賦予學名。同時，植物和物種卻是一天天在減少。這要謝謝人類，將它們列入不斷擴充的目錄中，我們正在依一篇又一篇的目錄去消滅它們。那種資訊不是真知識。只有當你能保育它們，而不是滅絕它們，那種資訊才會是真知識，才會成為智慧的來源。

所以，智慧的行為是「德」（dharma）。只因為你有「德」，才能和次人類的動物有所區別。沒有了它，就無從區別。只要你仍然把我們這裡所列出來的四個基本的本能，當作自己人生主要追逐的對象——你目前的情況正是如此——你就沒有區別，你和我就跟次人類的動物無所區別。我們就都一樣，我們是裸猿。你要覓食，牠們要覓食。你需要睡眠，牠們需要睡眠。你有種種受攻擊的恐懼，結果你不是逃跑，就是變得有攻擊性，其他的動物也一樣。你會再製人類，如果你不干預的話，動物們也會再製牛、獅子或老虎，沒有區別。

所以，我們來到這個世界，是為了求下一步的提升。下一步提升不是身體形態的提升。下一步的進化講的不是資訊和知識。知識會來的，當你靈性成長了，知識會輕易得來。靈性進步的一項副產品就是能輕易取得知識。佛陀還是悉達多太子時，在五歲左右，他的父王請了一位老師教他寫字。老師第一天來上課，這名幼童對老師行禮。老師說：「我現在要教你認字。」幼童隨口唸出六十四種不同文字字體的名稱，然後說：「您要教我認的是哪一種書寫字體？」老師說：「啊，什麼？他居然列出了我不認識的文字的名稱，以及我不會的書寫方式！我還有什麼可教這孩子？」經典中記載有這六十四種字體的名稱，這孩子都知道了。

有了資訊，智慧不一定會自然來到。但是有了智慧，知識（資訊的知識）很容易自行來到。請記住這一點，因為你的心量有限，所以你學習起來有困難。因為你的心不能獨立自主，因為你的心受到限制，因為你的心不知道如何打開自己，你還沒學會打開自己心量的藝術，所以你學習起來有困難。資訊知識是智慧的副產品，然而，智慧不是資訊知識的副產品。你該求的是智慧。你可以把資訊知識做為求智慧的工具。如果你做出這個選擇的話，它可以做為得智慧的一個方法。能為你人生領航的那個，叫做智慧。

我們怎麼知道自己的行為是有智慧的？只要最終的結果是不會讓我們感到挫折，沒有失望、沒有憤怒、沒有自我放棄，那就是了。那也就是柏拉圖和亞里斯多德的區別，應該說是蘇格拉底和亞里斯多德之間的不同。蘇格拉底是智慧的人，亞里斯多德是知識豐富的人。讀亞里斯多德十分無趣，而蘇格拉底就有趣多了。所有古代的仙、聖、大師們，把大量智慧濃縮到一句經文中，你可以為每一句經文寫一千萬字的文章。然而，就算你可以寫一千萬字的文章，也不能和那些智者相提並論。所以，讓那一千萬字進入靜默。讓你心的那股執迷進入靜默。那種你執迷計較別人取笑你的那個——它是屬於四種本能中的恐懼。遠離恐懼就是靜默。

在靜默中的人，不論男女，都不需要防衛自己，因為沒有需要防衛的對象。別人的所作所為，不是你的作為。你只要管自己的作為是正確的，是對的，那就是智慧。它會由你的內在生起，會引導你。如果世人在取笑你，你不需要去譴責，你要使用正確字語，用發自於內心的字語去帶來和諧。何嘗需要任何理由，生命本該如此。那就是合乎「德」的人生方式，那就是合乎利他主義的方式。近代的研究發現，很多非人類的動物，天性會展現出某種程度的利他主義。所以就算你做了一件利他的行為，也不能就此表示你跟動物有什麼不同。

所以你要了解來此靜默的目的。這是在清洗、在淨化，是在認清那種執迷。唯有在靜默中的心才能沉思。邏輯的思維和沉思有何不同？我以前已經講過很多遍了，在我們印度的道院所教導的吠檀多，不是把它當作哲學的經文來教導。我們教導的是依據經文而做的實修。我想在印度只有一、兩位罕有的神聖老師，才會用這個方法去教導少數經過挑選出來的學生。我們道院大概是其中之一，用實修的方法來教導《薄伽梵歌》、《奧義書》之類的經書，做沉思的實修。那麼邏輯的思維和沉思究竟有何不同？邏輯思維只能帶給你某個結論，如此而已。然後你說，我有結論了。沉思能帶你智慧，那個你能用得上的智慧。

讀經典要養成習慣去讀那些需要沉思的經典，養成習慣去讀那些需要沉思的文字，去讀那些沉思型的哲學家、老師、導師、聖者所寫的文字，不只是為了得資訊，而是為了得到能用的智慧。這智慧不是用在你的行為上，而是用在你生命的狀態上。智慧要用在你生命的狀態上，如你的本來，如你所希望知道的自己的本來，如你所終於知道的自己的本來。認識你自己就是如你本來，那是不受時間、空間、因果所拘束的那個，是不依賴外面東西的那個。

所謂「外面」，它的定義是什麼？我們說「外面」是什麼意思？身體，它的形狀、外貌、情況，這些對於你是外層的，是外面。然而跟身體相比，呼吸是內層的。跟呼吸相比，身體是外層的。跟心相比，「呼吸」是外層的。所以心是內層的，但那就是你嗎？心的狀態是你嗎？其實它還是你外層的。心有苦有樂，心有滿足、有不滿足，這些對你都算是外層的。它們對於那個我慢、我執（ahamkāra）是屬於外層的。這裡所謂的我執，不是傲慢的意思。它指的是被執著成自己，就是所有一切被你當成是自己的那些束縛，所有一切被你當成是自己的那些束縛。你要認識所謂「外」和「內」有這些層次變化。

吠檀多哲學說，你要一一放掉這些外層。目前，無論你多努力去沉思，但只要一站到鏡子前，你就會說，「那是我」。而我站在鏡子前會說，「這是我目前的身體，我必須用到它。這是我目前的身體，不是我，只是我穿的一套衣服罷了。」可是我已經穿了它七十四年有餘，有點煩了。連續七十四年不換，穿同一套衣服不煩嗎？你說呢？很多人連續四十五年穿同一套衣服，連續八十年穿同一套衣服，連續九十五年穿同一套衣服，還很驕傲地說：「我九十五歲了！」人為什麼會這麼害怕換一套衣服穿？好像小孩子怕洗澡似的。換衣服有什麼不對，有什麼關係呢？這是怎麼回事？你們懂我的意思嗎？同意嗎？

所以我站在鏡子前會說：「這是我目前的身體，我已經穿了七十四年了，我還需要用到它，我還沒有完成它的用途，最好再穿著。繼續穿同一個身體，再多穿一陣子。」如此而已。有人跟你談換衣服，你就會害怕，「死亡！不要談這種掃興的事！」你不想換衣服，可是你卻會想換一條領帶，換一套洋裝，換你的髮型。然而，到了你真正在穿著的這套衣服（身體），你就不想換。你會害怕，因為你已經太習慣這些衣服了。這就像那些坐了二十年牢的囚犯，會害怕出獄回到世界中生活。那就是你的心態，是你對這個身體、對死亡恐懼感的執著。你會害怕死亡，就像囚犯已經完全習慣了牢獄環境，把監獄視為正常的生活環境，反而害怕出獄回到正常世間，覺得外面好像很不安全。

懂嗎？這些就是一種沉思，能帶來智慧。當你有了智慧，我們列出來的那四個本能，就不再是一種衝動，就會成為智慧的源頭。

（此時斯瓦米韋達感到不適。）對不起，請給我兩分鐘。對不起，請不要繼續錄影，我必須要為這個身體做些事，有一次我正在講課中就暈過去了。（檢查血糖後，）我的血糖指數此刻是四十五。但沒關係，我喝點果汁就行了（學生端來一杯橙汁，他一飲而盡）。

所以，你要會區別，什麼是能帶來智慧的沉思，什麼是能導致結論的邏輯思維。你該求的是智慧。所以這四個衝動：進食、睡眠、恐懼（這裡不說憤怒、不說防衛、不說敵意，我們只稱為恐懼，因為你會憤怒、會攻擊都是由恐懼的表現），還有第四個，性的衝動。讓它們（這四個）成為智慧的源頭。

凡是身體就一定會受到限制，是衣服就會破損。記得幾年前我要動心臟手術之前，打電話向我的上師報告。我說：「我要去做手術。」他說：「好，衣服破了，就把它補好，沒什麼大不了。」我在印度時，醫生看著我的核磁共振圖，他們說：「斯瓦米吉，像您這種身體情況的人只應該躺在床上！」而我還能坐起來，因為我懂怎麼燙平這件衣服，可惜你們不懂。我的醫生比我還要擔心，因為我不是活在恐懼中，而你們是活在恐懼中。

所以你們要利用來此靜默的期間培養沉思智慧，你會去到一個地步，不再因恐懼而採取行動。別人會對你表示憤怒，大多數情形是在對你的恐懼所做出的反應，也就是對於你恐懼所顯現出來的敵意行為，例如你聲音中帶著的敵意。我一直都在說這些，但是不知為什麼大家都沒聽進去，不改那種妄執，不改習性。你對政治的取態是基於恐懼而來，你跟鄰居的關係是基於恐懼而來，連你跟自己兒女的關係都是基於恐懼而來，你和自己配偶的關係是基於恐懼而來，你無法跳脫恐懼。

這些都是基於四個本能衝動而來，因為你還沒有能夠把四個衝動化為智慧和靈感的泉源。因為你只用邏輯思維，但不做沉思。所以，靜默的目的是去除妄執，讓心能夠獨立自主。你的心不再依賴那個、那個、那個，這個人和那個人、那邊那個人。所有你離不開的，都是基於四個衝動。那些你無法擺脫的，都基於這四個。你生存的本能是基於恐懼，但這其實不是生存的本能，是恐懼的本能。你怕失去所熟悉的依附，你怕失去所習慣的種種執著。然而，你所執著的卻是天天在改變，今天的你已經不是昨天的你，今天的你也不會是十年後的你。

不管你願意與否，你所執著的都會不停地變易。幾十年前你身為人女，如今你身為人母。你以前怎麼說你母親的，今天你的女兒就怎麼說你。幾十年前你身為人媳，如今你身為人婆。你以前怎麼說你婆婆的，今天你兒媳就怎麼說你。你執著為「我」的那個不停地在變易，而你卻害怕除去那個核心的妄執——「我是這個身體，我是這個自我」的心念。

在我們學院所教導的東西中，有一門是教商羯羅阿闍黎（Shankaracharya）的論著。是他在十二個世紀前奠定了我們僧團的寺院組織，是他留下了這套吠檀多的沉思法門。我想為你們介紹他的兩部論著，已經標記了某些頁數，但是我已經講了一小時又二十分鐘，所以只有到明天再為你們來讀。

其中一部論著叫做《千論訓》（*Upadeśa-sahasri*），這是非常難懂的論著。它的主旨是在說，吠檀多的上師應該如何指導弟子，要如何用哲學的論證引領弟子走上開悟解脫。另一部論著是《明辨智頂珠》（*Viveka-cūḍāmaṇi*），講明辨的智慧。

我不會把整篇《千論訓》讀出來，但是請容許我讀出原著的其中一段，然後我會舉出一些書中論證的例子：

這條智慧之道是為那些求解脫之人而須，
因為他們已經決意放下自己過去善行、惡行所帶來的果報，
不意欲再因自己的行為而得到業報。
他們已知，人生之煩惱皆因無明而來，
因非我、因不知本我而有，
這些煩惱導致我們的習氣去放縱身、語、意的業行。
所有業行都由習氣所生，都由我們放縱的習氣而來，
如此而來的果報有善報、有惡報，大多則是參雜了善惡之報。

mumukshunam upatta-punyapunya-kshapana-paranam
apurvanupachayarthinam parisamkhyanam idam uchyate-
avidya-hetavo dosha vang-mandah-kaya-pravritti-hetavah,
pravritteshcheshtanishta-mishra-phalani karmanyupachiyante
iti tan-mokshartham

他所提出的論證是，你所體驗到的聲、觸、色、味、香，它們都是經由你的感官，例如你的耳朵而來。感官本身沒有分辨智慧。其實一塊磚和你的耳朵沒什麼不同。你敲擊兩塊磚頭，它們會發出聲音，可是磚頭不會體驗到聲音。聲音敲擊你的耳朵，耳朵自己也不會有聲音的體驗。耳朵對聲音的體驗，只是一個化學反應。所有你體驗到的聲音、愉快、不愉快，有人說這個、有人說那個、有人笑，有人彈奏美妙、有人彈奏走調，有人說尖銳的話、有人說甜蜜的話，你體驗到的觸感是絨、還是刺，你體驗到的外形，有人美、有人醜，有的對象美、有的對象醜，你體驗到的味感，你體驗到的嗅感，這種種由感官所提供的只是化學反應，不是知。

感官自己不會認識這些事，感官只是做為收集資訊的媒介。心要依靠感官為媒介才能知。但是真正的那個「知者」，和這些對象不是同一類。所以為什麼要把它們執為自己？真正的知者和所知的對象不是同一類，它既不是轉頭，也不是石頭，也不是鈴，也不是樂器，也不是某人的嘴。那它又是怎麼被吸進去的？你是怎麼把它收進去，你怎麼把它變成你的體驗，然後它住在你心中、腦中，驅使你向正、向誤，向善、向惡，對別人行好、對別人行壞，做出善意回應、做出報復的回應。你跟這些所體驗的毫不相干。

音聲是由某個物體所發出，然後觸及另一個叫做耳鼓的物體。哪有牽涉到你，你有在其中嗎？哪有叫做「阿特曼」（ātman）的本我牽涉在其中？完全不干「阿特曼」的事。當你變成了這個事實的觀察者，你就有了個獨立自主的心。

我明天會再為你們多講讀一些。你們回到自己的房間後，回想一下我剛才所說的，關於沉思智慧，關於心的自主，關於不再妄執外面的東西為自己，關於四個衝動，以及你如何誤用了它們，卻沒有把它們用為智慧的泉源，你是如何讓它們來扭曲了你的人生。你要在這上面下功夫！當你離開這次靜默營的時候，即使帶走的只是你生命的一個改變——你態度的改變，你觀感的改變，你對世界以及所有事件價值觀的改變，那你這次靜默就是成功的。

願神祝福你們。

譯者按，斯瓦米韋達在另一個靜默營的場合，對於參加者給了以下幾點建議。

打算進行長時間靜默的人，我的建議如下：

先把未辦的事項列出來。你要準備一個記事本，在進入守靜的時候，會有好多念頭不斷地冒出來干擾你，你忘了交代某人去辦某件事、你結束守靜後該立即去辦什麼事、有筆帳單到期忘了繳，等等。你把它們通通記下來，想到一件就記一件。如果是屬於刻不容緩的急事，就馬上去處理，去打電話、傳簡訊。否則，告訴自己：「等我結束守靜後就處理。」在守靜期間，如果同一件事又湧上心頭，就對它說：「知道了，我已經記下來了，不用再提醒我了。」如此，你就把很多干擾的念頭給過濾掉了。

休息。大部分的人體內和心中累積了大量的疲勞因素，不可以驟然進入完全的靜默。所以頭兩、三天要休息，要輕食、持咒、多睡。做輕柔的哈達瑜伽，持咒，輕快地走動，持咒。你會覺得內在有股新的能量慢慢生起，用哈達瑜伽和走動來吸收這股能量。然後你才開始正式進入固定的守靜日程安排。假如你只有短暫的幾日做守靜，也要盡量比照這個原則，不要躁進。

守靜期間，不要閱讀書本、報紙，不要看電視、聽新聞，也不要聽音樂、寫日記。你要專注於沉思、觀照自己內在的那個「自己」。或者，你可以選定一個困擾自己的心靈疑問（選定了就不要改變），在心中用各種不同的角度、各種不同的立場，去思索它。或者，你可以選定某一句「摩訶偈語」，例如「汝即彼」（tat tvam asi），去參究它、琢磨它。記住，你一定要放下自己既定的立場，要由正反兩面去思索、參究，甚至不必講究邏輯理性，要運用直覺，你才會有成，否則只會徒然加深自己的成見。但是，這不是要你在靜坐的時候都去思索參究，這和靜坐是完全不同的修行法。你靜坐的時候，還是老實用你學到的方法去坐。

但是，最好你不去做這些思索、參究的功夫，就只管持咒，日夜不停地持咒，如廁中、沐浴中、行走中、進食中都持咒。就寢時躺在床上，仍然持咒不停到入睡。功夫深了，你心識深處連在睡夢中仍不停持咒。早上醒來時，咒語自然而然繼續下去。這不需要費勁，也不能夠費勁，要讓它成為一種樂，由專注所帶來的樂，由合一所帶來的樂。守靜時，你某個時段是用於「正式」持咒，但是其餘一切時間要保持同一個心念狀態、同一個心念狀態、同一個心念狀態。

守靜期間不要交談。如果要更深入靜默的話，連交換眼神、點頭示意、打招呼都不必，要成為一個「木訥」之人。放心，沒有人會怪你沒禮貌。

# 第6章

# 兩個練習：觀察念頭、兩分鐘冥想

以下是斯瓦米韋達某次在印度學院中，教學生做的兩個練習。

我是個出名的騙子。我總是假裝要教這個課、那個課。但我最終總是會講一些離題的東西。我們之所以聚集在這裡，真正的目的不是在學書本裡的東西，我們所關心的主要在於每個人一己的內在能有所變化。而你們有的人來此想要更深入冥想，有的人想要更高層次的冥想，有的人想學最高深的冥想法門。或許你們希望在離開此地時，我這個斯瓦米會發給每人一個小盒子，裡面裝了些神通魔法之類的做為告別禮物。

這些全都不是我所謂的改變。所謂的變化，首先不是在你冥想中所起的變化，它是發生在你日常行為上的心態變化。你應該寫日記，不論你寫在日記本上與否，都要觀察自己的心念。把你的觀察寫在心中的日記本上，也就是記下你心中所起過的念頭。

常常有人會說：「噢，我起了某個直覺」，或者「我冥想中有個西藏的喇嘛對我說了什麼」、「某個古埃及的金字塔建造者給了我這個直覺」、「斯瓦米拉瑪要我去做這、做那」等等。有的人見到了耶穌，有的人見到了佛陀，有人見到了拉瑪、奎師那，天曉得還有誰！我們怎麼判定這些是真正的直覺念頭？你知道在精神病態學中有所謂宗教瘋狂的病徵，那是需要治療的。他不知道自己究竟是處於絕對的奉愛「巴克提」（bhakti）情操，還是進入了宗教瘋狂狀態。

所以我們怎麼知道某個念頭究竟是個直覺的念頭，還是自己心理狀態的產物，由我們下意識的欲望，或者由我們隱藏的心印所顯現而形成的念頭？

因此，我教人做一個訓練，大多數人會發現這個訓練很難。帕坦迦利的《瑜伽經》裡有一個字：**a-krama**，意思是「無序」。就邏輯而論，「無序」是一種荒謬。但是就瑜伽和冥想而論，「無序」可是一種成就。我就以這個令人不解的說法來跟你做個試驗。

你剛才起了個念頭，現在你就剛才這個念頭來回顧，在它之前是哪個念頭引起它，而這個前念又是之前哪個前念所引起，再往前推又是哪個前念引起前念的前念。我記得上一個團體是來自加拿大，我對他們說：「回你們的房間，隨便選一個念頭，然後把它之前五分鐘內按順序產生的所有念頭寫下來。」結果沒有人能做得到，連之前一分鐘內所有順序發生的念頭，都沒有人可以寫得出來。

你試試看，你揀任何一個念頭，然後在心中回顧，過去一分鐘內的順序，那個念頭是從哪兒來的，然後之前的念頭又是從哪兒來的，再之前的念頭又從哪兒來的。你能循序指出前一分鐘之內所有的前念嗎？我們連前一分鐘之內的念頭都不知道，因為我們沒能觀察到它們。你不會相信，但我可以把從今早醒來之後所動過的每一個念頭都告訴你，因為我有觀察這些念頭。能起念頭的，和能觀察的，兩者不是同一個作用。我內在起念頭的那個，和在觀察的那個，不是同一個作用。明白嗎？

只有當你訓練好自己能觀察到過去那些念頭的順序，才有能力判斷此刻的某一個念頭，究竟是個直覺念頭，還是由某些前念順序而來。直覺念頭不是順序而來的，它可不是由某個前念生出來的，懂嗎？它就像這樣（彈指）蹦出來！你們知道即使在冥想的時候，這些遐想，這道順序的心念之流仍然繼續。這些念頭有些可能是精純的，是屬於悅性的，但是它們是由別的念頭生出來的。如果某個念頭是由另一個念頭引起的，那它就不是直覺念頭。經文是這麼說的，如果某個念頭是由另一個念頭引起的，就不是直覺念頭。但是反過來講就不成立，如果說不是由另一個念頭所引起的就一定是直覺念頭，那就不對了。懂嗎？

然後還有進一步的檢驗，但是第一步的檢驗是要學會訓練自己的心，去觀察你當下這個念頭背後有過哪些前念，你要去檢查它的源頭。要有直覺念頭，你必須去到比大腦新皮質活動層面、比意識心活動層面更深的地方。那是個不同的層面，而深入並不總是意謂著同樣的東西。

你挖掘土地時，在某些地方會先遇到岩層，某些地方會先遇到沙質沉澱層，然後才遇到岩層。在某些地方，你挖掘不到五英尺就找到了水。心識內隱藏的部分就像是那種地形。有人說：「噢，我深入自己內在，發現了這個。」你究竟是在什麼地方開挖？而且就算你用同樣的方式，也未必會去到同一個地方。所以我希望你能用這個習慣，養成這個習慣。

我要給你兩個練習，你在這裡的時候可以有規律地去做。就只管去做，讓我看看有多少人能成功做到。

第一個練習分兩個部分，每天三次，每天只要三次——舒服地坐著，檢查你心中起了什麼念頭，看看你順序回溯那個念頭的前念能去到多久之前，三十秒、一分鐘、五分鐘？每天做這個練習三次。我不規定什麼時候去做，你們自己決定。

這練習的第二個部分是，每天你結束當晚的冥想之後，回顧當天所有的念頭，看看大體上是以哪種念頭為主，是恐懼的心念？是不安全感的心念？是你在封閉空間中起了煩躁不安的心念？還是你覺得氣憤，為什麼斯瓦米吉就不能安排一個跟我習慣相近的室友？你要記住，你的室友也在起同樣的念頭！所以要回顧是什麼樣的念頭。十天之後，你念頭的內容總體上是否由較為惰性的、動性的，變成較為悅性的？你是否能幫那位你在心中相處不來的室友，找到更多有利於他的藉口？「我明白他之所以會是如此之人，原來是有原因的」、「我了解這個人了」。懂我的意思嗎？

這麼一來，你能觀察自己的念頭，就會有些細微的調整、細微的改變。你會對自己說：「這才是在道院中該有的念頭」、「這些是比較悅性的」、「這些是比較純潔的想法」、「不，這些念頭太自我、我慢太重、太自我中心」、「這種和這種的念頭比較無私」、「如此如此的念頭太放縱自己」。你會有意識地學習選擇正念。這僅僅是個開頭。

當你進步了，當你進步到某個地步，每個念頭一起，你都能覺知到它。你會知道在起念頭的，和在觀察念頭的，能同時在作用。到此，你就不必去回溯念頭是怎麼來的，你會知道「剛才動了這個念頭」、「現在動了這個念頭」、「現在又是這個念頭」、「我此刻在這個念頭中」。這些自我觀察的練習非常重要，這是我給你們的第一個練習。

你不需要有一本詳細的教科書，你要找出適合你的系統，要找到你自己的方法。就算我能夠教會你整個「室利毗底亞」，讓你精通「室利楊特拉」（Śrī Yantra）中的四十三個三角形，以及其中的二十八個「桑帝」（sandhi）點，和二十四個「摩馬」（marma）點——我們在去年的研討會已經交代了這兩個名詞——「桑帝」是兩條能量線（脈流）交會之處，「摩馬」是三條或更多條線（脈流）交會之處。所以，縱然你精通了數以千計〈蓋亞曲〉（Gāyatrī）裡面一百五十三個主要神明，所有那些交會點都有各自獨特的〈蓋亞曲〉等等，那些都只算是你智性上的知識，對你沒有任何益處。我們學院的圖書室裡有許多這方面的書，你任何時間都可以去查閱。

很多人頭蓋骨內的圖書館也藏了很多書。我的上師曾經對我說過：「烏夏布（斯瓦米韋達出家前的名字），那就是你的問題所在，你頭裡面裝的盡是垃圾！」我的同門師兄弟斯瓦米哈瑞常常和我爭論，他對我說：「斯瓦米吉，教我一點東西！」他說：「我每次看見你的藏書，我就開始發抖！」（笑。）他說：「教我！」我對他說：「斯瓦米吉，你保持原狀就可以了，我頭裡面裝了這些稻草讓我無法進步。」

你們要知道，所有來自這些書籍、經典、論著、經文的知識，到了某個階段會成為障礙。船是用來渡河的，你渡了河之後還抓著船不放，你就什麼地方也去不了。所以，這個智性的知識、這種好奇心是無益的。你們其中有些人去年來上過這個研討會的，有幾個人記得去年「室利毗底亞」課中教了些什麼？我敢肯定我得不時回頭為大家重講。連我都不記得自己教了什麼，有什麼沒教的。例外是我會記得自己教過大家關於冥想的部分。

所以，現在我只教大家非常簡單的練習，非常、非常簡單，非常容易下手的就是：每兩個小時，或每兩個半小時，做一次兩分鐘冥想。在那兩分鐘冥想時，你要下決心在那兩分鐘內沒有任何雜念，沒有別的要求，只要去感覺你的呼吸在自己鼻孔中流動，沒有中斷。緩慢、輕柔、平順地呼吸。呼吸之間不要有空隙，兩分鐘內不要有空隙。就這麼簡單！

每隔兩個小時、兩個半小時，只要用上兩分鐘。只要你能精於在兩分鐘內呼吸之間沒有空隙，每天做上五到六次，在你離開這裡之前就會見到自己發生了轉變。你不需要任何高深的功法，這就是一種高深功法。

高深的功夫就在於能夠把呼與吸之間的空隙給關上，因為外頭的雜念就是從那個空隙鑽進來的。所以你就把這個門給關上，如此而已。

做這兩個練習就足夠了：

- 觀察回顧自己的念頭。
- 兩分鐘冥想，保持呼吸之間沒有停頓。

# 第7章

# 何為師者

這是斯瓦米韋達某次於學院中，在「師資培訓課程」開課之際，對於學員的一番訓勉。他道出了當今瑜伽界的一些現象，指出了在喜馬拉雅傳承中，什麼才是他心目中所謂的「瑜伽老師」。

我將要做個講話，其後會再做個摘要提示。因為這個場合是師資班，所以我的講話主要是對來此參加培訓的老師而說。

世界各地有許多的師資培訓課程，印度也不例外，有些課程非常長。那你們在這個瑜伽的師資班課程中，針對自己未來的發展方向，究竟會得到一些什麼樣的指引？

首先，教課的老師，不算是老師。教人的老師，才算是老師。教育個別之人的老師，才算是老師。你教一堂課，下課了，學生們回家，你回家，你們之間沒有那份連結。無論你心靈能去到、能領悟到哪個境地，你能把別人也帶到那個境地，那你才能堪稱一位老師。你對一己的證悟、自己心靈的覺醒，還是要堅持下去，那才叫教學。

只是教什麼技巧，不是教學。技巧固然重要，但是你能教我微笑的正確技巧嗎？為了要表示某種情緒，我該把我的嘴唇打開多少公分？是否能有本教科書，告訴我嘴唇應該張開到什麼程度，才會有什麼效果。我應該露出多少牙齒，我微笑時眼睛該如何，我該看哪邊？哪天真的出了一本正確微笑技巧的教科書，微笑就會在這世界上消失。微笑時嘴唇的確會張開幾公分，但那不是從教科書上學來，不需要上微笑的課程，因為它是自然就會的。

我對現在很多人在教授冥想技法也有同樣的看法。冥想不是一種技法。當冥想對你成為一件自然而然的事，那時冥想就是心在微笑，能讓你的心微笑，能讓你的心——如我常說——能讓你的心中不起皺紋。一般人的心中有太多的皺紋。所以你在這裡要學到的是，發自於心念的瑜伽，而不是發自於肌肉的動作。

肌肉的動作是受心念所驅動。假如你不知道誰是幕後的動者，你就無法瞭解，無法如實瞭解動作。無論你能讀過多少本解剖的書籍，你可以抄寫複製整本的解剖書籍，但是那不會把你變成一位瑜伽老師，除非你知道那個幕後的動者：心。很多瑜伽，因為某種奇怪的原因，從頭到尾都是在身體上打轉。

我們這個傳承的教導，來自喜馬拉雅傳承的斯瓦米拉瑪，他受教於他的上師，他們又受教於他們的上師，如此可以上溯到幾千年之久，所側重的是在明瞭靈和心。

我們此處講的是數論哲學系統，根據「室利毗底亞」的典籍所載，從迦毗羅（Kpila，奠定數論哲學的祖師）到商羯羅大師（八世紀奠定僧侶組織的吠檀多哲學大師），共有六十八代老師。誰傳給誰，誰又傳給誰，都很清楚地寫了下來。我們在梵文稱之為「苦力」（tapobala），是他們經由苦行而來的法力在加持我們，所以他們的教導在今日這種逆境中，仍然能持續不絕。

無論世人如何試著把瑜伽降格為僅僅是一種身體的操練，到後來，人心總是會把瑜伽提升到心靈的層次。對心和靈的渴求，總是會以各種各樣的型態存在。這不是由於你的作為，這不是出於人為的操作，是它本來就存在於我們心中。所謂老師，就是懂得跟那個內在的相應之人。

如果你讀過我那本講述哈達瑜伽哲理的書，你就會明白我們在說什麼。[1]我們所謂的瑜伽，是發自於本我「阿特曼」（ātman）或者說「靈」（不管你怎樣翻譯那個字），然後才滲入到許多不同層次的心能量中，穿透它們。那個能量又繼續傳遞下去轉化為「氣」，成為我們的能量身，又轉化為呼吸。它又成為身體的放鬆狀態，可以為身體重新活化，可以為身體療癒。這是一個由內而外的過程。

你的目標應該是要能去到某一個境地，從那裡你只能由內而外去運用自己的各個層面，去到心的不同層面，去到氣的層面以及呼吸的層面。這可以為你帶來很大的效益，不僅在靈修方面，在情緒以及與親人的關係、社交方面，所有方面都如此，這是一個由內而外的過程。瑜伽可以由外而內，由粗大身進入精微身。不過你要牢記，我們這個瑜伽，這個傳承，是著重由內向外移動的。

在我們這個傳承，身為一名老師的重點，不是在教什麼技法，而是在建立連結，你要跟你的學生建立連結，然後幫助他們與傳承建立連結，幫助他們與你所教導的傳承建立連結。

傳承的知識是由一脈相傳的聖者傳下來的，這是個「仙聖傳承」（ṛṣi paramparā）。這個知識並非由某個人所發明的，它沒有創始人。它的創始者就是知識的真正源頭，那個知識的真正源頭也瀰漫充塞在你之內。

古代教導瑜伽、寫下瑜伽文獻之人，例如：薩那卡（Sanaka）、迦毗羅、耶若婆佉（Yajñāvalkya）、帕坦伽利，他們是開悟了的生靈，但不是發明者。他們所傳達的，是從宇宙教師靈那兒所接受到的訊息，那是一道源源不絕之流。我們所頂禮的，是那個宇宙的教師靈，就是你們在這裡每天唱誦的 hiraṇya-garbhad ārabdham（始自金胎藏），這個「傳承」（paramparā）就是由金胎藏開始的。金胎藏（或者說金子宮）就是那個宇宙教師靈。

當你能開啓了「上師脈輪」（guru cakra），才是你成為一名真正的老師之時，而不是在取得師資培訓證書之時。師資培訓證書不足以讓你成為一名老師。如果你還要靠證書的話，那你就不是一名老師。我這話說得很重，但是你需要明白，證書不外乎是一種行政上的便利，很多人卻把它看得太重。我簽證書，但是縱然我簽了名，你也收到證書，並不能把你簽成一名老師。

你可以在牆上掛一萬張證書，但如果你不懂你和傳承之間的連結，不懂學生跟你之間的連結，不能把學生提升到傳承教導源頭的那個層次，那麼你就不算是一名老師。

我們在訓練老師的時候，有一點是我們經常地、不停地強調的，就是不要自認為是老師。不要自認為是老師！我們在授權某人成為咒語啓引者的時候，也會給予同樣的告誡：不要以為是你在授予咒語，是傳承的仙聖們在授予咒語，你所啓引的人是屬於傳承的受啓引者，不屬於你。每一位在為傳承服務的人，都有責任去幫助受啓引者。

這個道理也適用在老師身上。你要教導一群學生時，不要像是在學校教一堂繡花課似的。很多人把瑜伽當作是一門科目來教，走進教室，花上四十分鐘，下課走出教室，然後心想，「我是一位偉大的瑜伽老師。」如果你是我們這個學院訓練出來的，屬於我們上師的傳承，屬於上師的上師們的傳承，那麼在你教課時，需要做到兩件事，你的教學才能奏效。

要成為一位有效的老師，你需要做兩件事。過去四十年來，我對我們在各地所培訓的老師都提到這一點。首先，提早半個小時到你教課的座位上，坐在那裡，冥想半個小時。不要去準備教材，準備你自己。你當然需要知道教材，你要懂教材，那毫無疑問，但是你應該已經能夠融會貫通那些教材。要做到梵文說的ātmasad（安住於己），成為你的本能反應。要成為你的本能一樣，你不用去想它。就像你剛學開車時，噢，天哪，一下子需要記得多少件事，後照鏡、換擋、油門、剎車、方向盤，有沒有人要超車，後面有沒有車，啊，太多細節了，我做不到！不是嗎？但是過了一陣子之後，它變成一種本能，想都不用想，因為你融會貫通了開車的技巧。你的瑜伽也要到那種融會貫通的地步，到你不用去想要教什麼的地步。但是你要提早半個小時，到教學的座位上坐著。

我從四歲開始練冥想，到如今已經練了七十四年。雖然如此，我在會見任何人之前，即使屬於私人性質的會面也不例外，我一定要先花上五分鐘時間冥想，或者十分鐘，或者十五分鐘，或者五十分鐘，然後才見人，否則我不見人。我一定要先把自己給準備好，如果沒有時間先做好自我準備，我不會答應見人，如此我才不會給人那種心理學教科書式的忠告。

所以你教學時，要準備的是你自己——不是教材，是你自己。你要讓自己連結，你要讓自己連結到上師靈，連結那彌布一切，遍布一切的聖靈。

但是，千萬不要以老師自居。我們算什麼？那些靈性的巨人已經教了好幾千年，他們的言語透過所寫的字句，在眾生的耳中、心中迴響，一直流傳到今日。看看他們，我們是誰，我們真知道多少？你掛在牆上的那些證書，能比得上《奧義書》中的一句話嗎？你告訴我，你掛在牆上的那些證書，能比得上帕坦迦利留下來的一個字嗎？

可是，當今有人拿到了教師證書，就在他們的名字後面加上頭銜，每三個人中就有一個人自稱為某某瑜伽大師、瑜伽傳授師、瑜伽聖賢，天曉得還有哪些頭銜！

我練習冥想至今已經七十四年了，我從不敢在自己名字後面加上瑜伽士的稱呼，因為我見過什麼才叫做真正的瑜伽士。謙虛，是老師應該有的標記。不要以老師自居。我算什麼？記住，在教一群人之前先把自己的心靈準備好，這是第一。

第二，不論你是坐著教還是站著教，在你心中要把那個老師的席位呈現給上師靈，心中虔誠默想：「請來施教。」那麼上師靈就會透過你來教，對於你長久以來百思不得其解的問題，有人在課堂上問了這個問題，此時你隨口就能說出答案。很多老師都會有這樣的經驗，「哦，我居然會知道答案，斯瓦米吉，這是正確的答案嗎？」是的，確實。不要懷疑。因為你在教的時候，把個人放下了，不再是那個受時空、因果所局限的身體。記住，這是教學的祕密，是我需要交代的一個重點。

還有一條是練習，**abhyāsa**，**abhyāsa**，**abhyāsa**（串習、串習、串習），重複的去練、去練、去練。你學到了呼吸覺知的法門，但是你不去重複練它，隔了三、四天，你記起自己沒有去練呼吸覺知，於是坐下來練習五分鐘，以為如此就能得益！這就像醫生給你開藥，每天服用三次，你回家後把藥放在一邊就忘了它。三天後你想起來，哦，天啊，我三天沒有吃藥了，於是拿出三天的分量，用一杯水全吞了下去。這對你會有什麼效果呢？你應該每天都要如法服用才會有效果。

呼吸覺知練習，又不用花你的錢，你不需要用到今日時尚瑜伽人士喜歡的那種時髦衣著，那可是億萬元的生意，帕坦迦利看到了一定會暈倒！你不需要用到那些。呼吸覺知法在任何地方都可以做，你的呼吸永遠跟著你。你的呼吸是生命的象徵，從你的生命吸進第一口氣開始，到你身體呼出最後一口氣而死亡，呼吸二十四小時不停。不要說自己沒時間，請問你們剛才在等我這個斯瓦米的到來，坐在此地等待的時候，你在做什麼呢？沒時間？你有！你排隊等待的時候，你的心在做什麼？你會去做呼吸覺知嗎？你在診所等看病，就該利用那個等候的時間。

所以我為你們總結一下剛才所講的內容。首先，覺知的移動方向是由內向外，從覺識的中心，透過層層的能量分布型態，最後去到你的身體表層。第二，不要只是準備教學的材料，要準備你自己。第三，不要以老師自居，尤其在你教學的時候更要如此。無論你是在教一個孩子，單單一個孩子，或者教一群人，乃至在教五千人，都不要以老師自居。讓那個教導過所有祖師的宇宙之靈，透過你來教導。因為如此你才會學到東西，能這樣教，你自己才會因而學到東西，因為祖師們會透過你的心識在教你，你就只是個工具。這是三點。

我再加上第四點和第五點，很抱歉我的時間有限，所以只能簡要地解釋。你和這個傳承真正的連結是由咒語（mantra）啓引而來。我相信學院裡的老師會講到這個題目，沒有經過啓引的話，你就沒辦法建立那個連結。

你就記住這幾點，深深去思考，好嗎？老師必須要沒有私心，老師不是為了收入才教學。老師之所以教學，是在為那個知識來源的傳承而服務。老師需要收取費用來維持正常的開銷，但不是為了這個目的而教學。你教，是為了償還你對傳承的債。

我曾經問過我的上師，我說：「斯瓦米吉，您孩童時代的傳統是，弟子必須要先替師父洗他的裹腰布十二年，才能獲得啓引。而您連手帕都沒讓我洗過一次，您什麼也沒讓我為您服務。」

他說：「不必。你要服務，就去教學生。」

所以，你們教學的原因，是在替把知識傳遞給你們的人服務。你真的能夠用如此的心態去教學生，就不會有人來問你有沒有證書。你們有誰問過我有沒有證書？你怎麼知道我是師資班出來的老師？

這就是我要交代的幾個重點。而你們要真正跟傳承建立連結，就要經由你的咒語，在你授課之前，先坐上半個小時，讓自己跟傳承連結上。在上課中也一樣，當你對學生們說，「放鬆你的額頭」，當你發出指令要人放鬆時——讓我告訴你教人放鬆和冥想時的一個祕訣——你說，「放鬆你的額頭」，然後你說，「放鬆你的眉頭」。在說出這兩個指令之間，你一定要給人家一秒或兩秒鐘的時間來做指令，來照你的話去做。那你在那一、兩秒的空檔中要做什麼？

在那兩秒鐘的空檔，你就要憶持自己的咒語。「放鬆你的額頭」，心中默念自己的咒語，「放鬆你的眼睛」，咒語，「放鬆你的鼻孔」，咒語。如此你帶人放鬆才能奏效，否則那只不過是空空的字句。

在這個傳承，你將會學到如何進入自己內在的深處。你的言語要發自那個地方。當你的言語是發自於那個深處，才會進入聽者的內心深處，那你才是一位成功的老師。

你成功的標誌就是，你的言語能深入人心。

以下是斯瓦米韋達在另一個場合，對傳承瑜伽老師給出的六點建議。

對於已經在教學的人，以及正在學習當老師的人，我有下面六點建議：

1. 你正在教學之時，以及教學之後，要問自己一個問題：人家學會了嗎？

2. 一旦你教過某人，你應該要覺得自己對人家要終身負責，要繼續追蹤：

- 他們做得正確嗎？
- 他們有在練習嗎？
- 他們有進步嗎？
- 他們目前的進展到什麼地步？
- 還需要為他們做什麼？何時做？

你要為他們操心，那你才是老師。

縱然你有施教，可是學生離開課室卻沒有學到東西。你要確認他們有學到，否則你等於沒教過他們。你要認真檢討，你對於來求道的人以及他們進步的情形，願意負責到什麼程度。

3. 當你在教學的時候，起了「我在教」的想法，就會：

- 助長你的我慢。
- 不能傳達愛，不能啟發別人。
- 上師傳承的恩典就不會透過你而流傳。

4. 教學之前，先坐下來冥想。將教學的席位獻給上師。在你的心中要記住——不是在腦中——「我不是老師。只有上師才是老師。」做到這一點之後：

- 你的我慢就不會增長。
- 你才能傳達愛，才能啟發別人。
- 上師傳承的恩典就會透過你而流傳。
- 問題的答案會自然來到你心中。

有個竅訣是，你在給教導指示時，有任何空檔，都要憶持你的咒語，例如，你說，「放鬆你的額頭」，空檔，想著你的咒語，然後才接著說，「放鬆你的眉頭」，等等。如此你才能保持一種冥想狀態中的聲音，學生才會聽進心中。

5. 要了解我們的傳承（上師傳承）的源頭。

我們的上師斯瓦米拉瑪匯集了幾個傳承的法脈：

- **喜馬拉雅瑜伽士的傳承**：得自於他的瑜伽上師「孟加拉摩訶若吉」（Bangali Maharaj）
- **吠檀多的傳承**：由位於「室瑞恩格利」（Śringeri）之座，經商羯羅阿闍黎以及毗底亞朗尼亞．牟尼（Vidyāraṇya Muni），往上溯及歷史久遠的吠檀多傳承。
- **「出家」（sanyāsa）的傳承**，往上可以溯及到吠陀時代，是其後由商羯羅阿闍黎設立的「十僧團傳承」（Daśanāmi Saṁpradāya），其中位於室瑞恩格利的「帕若提」（bhāratī）一支。
- **基督教的傳承**：上溯及基督的主要門徒聖伯多祿（Saint Peter），其中奧祕只有斯瓦米拉瑪的貼身弟子才知道。
- **佛教的傳承**：斯瓦米拉瑪為我做瑜伽啟引時，他親口告訴我，我們的使命是為了迎接彌勒佛下生鋪路。
- **藏傳的傳承**：源自於斯瓦米拉瑪住在西藏的太老師。

・**奉愛的傳承**（Bhakti）**：**源自於斯瓦米拉瑪的前世，十六世紀的傳奇人物：馬度蘇達那・薩拉斯瓦提（Madhusūdana Saraswatī），是他將奉愛帶入吠檀多。

・此外，也由斯瓦米韋達帶來了**《吠陀》**以及**《瑜伽經》**的傳承。

能匯合如此廣博的眾多傳承，是我們最大的長處。

6. 關於練習上的建議：

任何一套練習的「功法」（kriyā），你要練到完全熟練為止。你怎麼知道自己已經完全熟練了？這有幾個階段：

(1) 在做的時候，你不需要任何提醒、任何導引。你對於全套練習的順序和過程，已經全盤瞭然於胸，不會有任何混亂。

(2) 做完這一套功夫所需要的時間越來越短，功夫越做越細。

(3) 在做的時候，心不會游移到別處。

(4) 這一套功法所產生的經驗，或者所達到的意識層次，你現在不用做功法都可以有，你可以隨意進入那個境地。

(5) 那個意識的境地，現在變成了你經常的基本狀態，你能夠保持在其中。

(6) 當你帶領別人做那個功法，他們也能到達一定的深度和意識狀態。逐漸的，你不用言語也能帶別人進入那個境地。

(7) 只要你在場，就能引發他們進入那個意識境地。那才是真正的教學。

只有在你完全熟練了某一套功法，才去學下一步的功法。

## 譯註

[1] 請參閱斯瓦米韋達的著作：《哈達瑜伽》，尤其是書中的「哈達——昆達里尼的十一條圭旨」一節。

# 第8章
# 給瑜伽館和瑜伽老師的忠告

以下是斯瓦米韋達於一九八二年在美國明尼亞波利斯市的禪修中心所做的講話。

我有幾點想法跟各位分享，都是非常簡單，非常、非常簡單的忠告。

有時候某些剛成立不久，規模不大的瑜伽館，往往會掙扎著讓收支平衡，他們寫信問我：「我們該怎麼辦？我們的財務有問題。我們的老師不夠。我們該如何宣傳？如何吸收更多的會員？如何收到更多捐款？我們該怎麼做才更有效？」

所有的這些問題，跟我們這個禪修中心所經驗過的都非常相似（譯按，此時斯瓦米韋達仍未出家，他在明尼蘇達大學擔任教授之外成立了一個禪修中心，並且外出四處教學）。所以我對他們的標準回答有兩條。

首先，身為瑜伽館的經營者、管理層、老師，你的目的不是求業務成長，不是求財務的健全周轉，也不要問如何做好宣傳。只要你開始朝著「我們該如何吸收更多會員才能維持營運」的方向去思考，就立刻在阻礙瑜伽館的進步。

你的工作是慈悲。你的工作是愛。你不過正好加入了這個傳承來完成你的工作。這就像是基督徒的工作是傳播福音，是一種使命。你的工作是慈悲，因為世人的身心、他們的人生都受到苦厄的折磨。不過，每個人都有自己的弱點和限度，你要明白自己有多少能耐。我會使用與幫自己相同的力度去幫別人，不多也不少。

無論身在何處，讓別人都能從我得益，這是我此生所致力的方向。例如，我坐飛機時會把一個小公文包墊在座椅上，如此我坐著背才不會彎。旁邊的乘客正在喝著飛機上提供的酒類飲料時，我則是在做交替呼吸法。他們的眼神好像是在說，「瞧這個怪人，坐得筆直還捏著鼻子！」假如你對自己有信心，你就不會猶疑，就不會有所不安，不會感到尷尬。偶爾會有人走上來問我：「請問你是在做什麼？」我就會遞上禪修中心的名片，有時候我還會在飛機上就地開課。有一次，我回印度參加我姊姊的葬禮，在回美國的飛機上，我至少教了三個人。你需要有瑜伽館才能教人嗎？不需要。你需要的是你自己。你唯一需要的是慈悲心，明白嗎？

因為你需要去教人，因為有人需要學習，所以才有瑜伽館存在的必要，你心裡面必須要先建立這樣的觀念。是的，你會遇到行政管理上的問題，會遇到財務困難，會有這樣那樣的事，無可否認。我可以告訴你們，過去十年以來，我們這個禪修中心從來就沒有收支平衡過。我們一直是入不敷出，因為我們一直在成長，所以對財務的需求也一直在增加。但是，財務是要用來支持我們工作的成長，而不是反過來以工作來維持財務的成長。

這是你必須明白的一個重點。因此，如果你的工作有所需要，必須開口向別人要求金錢時，你不會覺得尷尬，因為你心裡是明白的。你會感到尷尬，覺得不好意思開口，是因為你內心沒弄明白，你對自己的慈悲心、對你的工作還不能肯定的緣故。

我給這些瑜伽館的第二個忠告是，瑜伽館的成長，取決於瑜伽老師靈性的成長。你的工作能成長，靠的是你個人的成長，靠你的靈性。瑜伽的技巧不難，任何人都能記住那些體位法動作的步驟。瑜伽老師和演雜技的有何不同？雜技表演者能把身體扭曲到我們任何人一輩子都做不到的程度。假如有個演雜技的人，他能後彎到將鼻子碰到腳跟，他問我：「我能來擔任瑜伽老師嗎？」我會說：「不行。」他說：「我可以提供非常精采的課程！」「很好，我會願意花錢去馬戲團看你，你繼續做那份工作就可以了。」

老師個人的靈性成長才是重點。這沒有什麼困難的公式可言，就只是這些非常簡單的原則，你們一定都聽過，簡直是陳腔濫調了。但是你要去實踐，不停地去應用。要非常清楚什麼才是瑜伽，絕不是什麼靈體出竅、開發神通的玩意兒。我們有一位朋友——不過他已經離開了我們傳承——最近上了報，大談自己的神通本事，還有什麼儀器戴在頭上可以開發超意識。天哪，請千萬不要去弄這些東西，這和靈性完全風馬牛不相及。你需要娛樂的話，大可以去看電影，去讀小說，去唱歌跳舞都好。如果你去玩什麼靈體、神通、超能力，那就是走上了岔路。別人要玩這些東西的話，就由他們去。

瑜伽之道是一條既窄又直的路，你可要堅持不偏離。我們內心都可能會想，有沒有捷徑，有沒有可能不用每天早上坐下來冥想半個小時？耶穌頭上可沒有戴著那些電子冠冕，他戴的可是荊棘之冠，你要有戴上荊棘之冠的心理準備。

我對很多人說，你們對我不要有心理依賴。要學會自立，要學會啟發自己，當你陷入低潮的時候，要能夠自我啟發。每天都要讀一些啟發人心的東西，每一天都如此！你們要愛自己的家人，尤其要敬奉長輩。老師不可以代替你自己的父母。有時候做子女的太接近父母，以至於只看見他們的缺點。如果你去問我的子女，他們肯定也會說我有許多缺點。懂我的意思嗎？

所以，要愛你的家人，愛你的長輩。做到謙虛。做到慈悲。愛街上每一個人，但所謂的「愛」，不是要你去親吻他們，有時候愛是要用到武力。譬如說，你見到有人在攻擊婦孺，你出於愛而需要保護他們。但是你也要愛那個攻擊者，所以你有武功的話，就會上前劈那個攻擊者一掌，其實是去救他不要害了自己。如果你是出於愛的話，你那一掌的力度要剛好足夠擊退他。力度少了，是暴力。力度超過了，也是暴力。恰到好處的武力才不是暴力，明白嗎？要用這樣的心態去愛每一個人，盡你所能去給，不停地付出，就你的能力所及。

世上最好的禮物，莫過於給人快樂。我告訴你，只要你能讓世上一個人得到快樂，天上的神主會來不及穿上鞋子就赤足飛奔趕來看你是誰，「我一定要看看這個人究竟是誰，是誰讓我的子民快樂？」你不用去找神，神會來找你。人生中最難辦的事，莫過於讓別人快樂。如果你一生中只讓一個人快樂，一個人，你就不用去拜神，不用去教堂廟宇禮拜，不用去唱誦神，不用去祈禱，乃至連冥想都不用！去找讓別人快樂的方法，去找讓別人舒坦的方法，去找能慰藉別人的方法。去愛，去給。如果你被什麼卡住，給不出手，不要管那麼多，只管給就得了，這是唯一能打通卡住狀態的辦法。沒有別的法子。路上有障礙，你走不過去。唯一能移除障礙的方法是跳過去，否則你一輩子都會被它擋住。要有勇氣向前進，去給。

你們坐在這裡聽，似乎都聽進去了，都覺得有道理。待會兒下課，大家一穿上鞋子走出去就開始懷疑，「真是這樣嗎？我還得再想想。」所以我想問題一定是出在你們的鞋子上，下次大家買鞋子的時候，最好去找那種不會改變你想法的鞋子！

當你學會了給，你自然就會得。這是教學的祕密。我們的傳承要我為大家付出，我來到講臺，只要一坐下來，要講什麼就自動從我嘴中說出來，我完全不用去準備。我告訴你，不論你去哪裡坐下來，坐巴士，坐在自己車中，去參加餐會，坐在診所裡等，乃至去買醉，甚至被警察逮捕坐在警局裡，不論何處只要一坐下來，就在心中默念你的個人咒語三遍，把你所坐的座位獻給上師傳承。

至於上師傳承究竟是什麼意思，你們都不明白。我說白了，無論我們怎麼去講上師傳承，你們在這個階段都不會懂的。只有當你開始去教人，就會開始覺得似乎有人在幫你教，但是你想不明白，無法明確指出究竟是什麼在幫你。無論你坐在什麼地方，心中要想著將你的座位獻給上師傳承，獻給宇宙的上師靈，你心中默想，「我在這兒，這兒屬於您。」不論你身在何處，就算你坐在妓館裡，都要這麼想。你不去妓館，誰去幫她們？當佛陀派遣他的第一批弟子去四方濟世時，他對他們說：「行吧，比丘們，遠行吧！為眾生之幸，為眾生之福。」這句話中的「為眾生之幸，為眾生之福」（bahujana hitāya bahujana sukah-ya）是出自古老的《梨俱吠陀》，佛陀引用來鼓勵弟子。

無論你去哪裡坐下來時，要記著上師的精神，心中默默將座位獻給上師。你要不動聲色地去做，外表毫無異狀，不要扮出神聖不可侵犯的模樣。越是有智慧的人，在世間往往越會顯得笨拙。千百年來，大師們都是這麼教弟子的。

斯瓦米拉瑪告訴我，有一回他待在某地，有大批群眾排隊等著要見他，有的要他保佑生子，有的要他解決家庭糾紛，有的想求名、求利、求健康。他越是不想要招人注意，就越多人前來。所以有一天，他就用一個酒瓶裝了水在裡面，故意倒一些「酒」當著眾人面前喝了下去，做出怪異的舉止。三天之後，就沒人來找他了。他有很多這種故事。還有一次他去到美國科羅拉多州的一個小鎮，走在街上時忽然有人從街對面叫：「斯瓦米拉瑪！」他不理會，繼續走。那個人跑過街來攔住他，問：「你不是斯瓦米拉瑪嗎？」

他說：「喔，你一定看錯人了，以為我是斯瓦米拉瑪。我跟他是雙胞胎，長得一模一樣，大家都分不清楚。」

所以，每當你坐下來時，默念自己的咒語三遍，不要引人注意，在心中將座位獻給上師，然後繼續做你要做的事，只管去做，不要管別的。

身為一名瑜伽老師，你要不停地訓練自己，不斷地學習，讀更多的書，不斷調整體驗自己的體式，觀察自己，觀察不同的飲食方式給自己造成什麼改變，觀察你的情緒帶來什麼影響，觀察、觀察、自我觀察，連做瑜伽的體位法也變成是一種冥想。然後是你要養成每天固定的冥想習慣。無論你多忙，不要停止冥想。很多人一準備坐下來冥想，就會想起還有這個、那個事沒辦，會覺得自己實在沒有那寶貴的半個小時來冥想，於是就放棄了。

但是我告訴你，只要你一坐下來，就會發現你坐上半個小時，地球照樣會轉，而你要辦的事自然會有時間去辦。只要你經常冥想，就會發現你只需要用到比以前更少的時間，就能辦好同樣的事。因為我們花在完成某件事上面的時間，並不是全部用於去做那件事，而是花了很多時間在困惑該怎麼做。冥想能讓你的思緒清明，掃除你的困惑。你忙得沒有時間去打坐，是因為你不打坐。只要你開始坐，就會找到時間，不會耽誤到你要辦的事。

這些都是老師成長的原理。你不用擔心瑜伽館的成長。當你充滿了能量、愛、慈悲，學生就會來找你。無論你有沒有瑜伽館、在不在瑜伽館，他們都會聚在你身邊。你所在之處就是瑜伽館。斯瓦米拉瑪來到美國時沒有帶著瑜伽館過來。我也沒有先開了禪修中心才開始教學。如果你現在把我趕出禪修中心，你認為我會沒有教學場所了嗎？我可以站在機場，那裡就是我的道場。你就是道場的所在。其他的種種不過是附帶的設施，是方便，是用來支援你的。所有的會員制度，所有的財務安排，所有的捐獻，都只是起到支援的作用。

有場地是為了方便大家能夠攤開瑜伽墊做體位法。有場地很好。有場地，所以能有瑜伽老師來此地奉獻他們的時間，提供服務。但是有一件事讓我痛心，很多老師沒有能注意到自己靈性的成長。他們跟不上學生的成長，沒有繼續學習進步，沒有把心中的贅肉消掉。這才讓我痛心，真讓我痛心！我想看到的是每個人都能長足進步。

好了，希望你們能經常回聽這次上課的錄音，聽了再聽。就算我跟大家分別十年不見，這次講話內容夠你用上十年了。最重要的是，要能自我啟發。

我本來打算為大家讀一段佛陀的教誨，但是時間有限，所以我簡單地將那段長文的大意告訴大家。佛對他的弟子們說，當他在為人說法的時候，不論對象是什麼人，他就讓自己融入群眾，成為跟大家一樣的人，以他們講話的方式，說他們的語言，讓群眾能夠接受他要說的法，燃起他們的熱情，讓他們心生歡喜。如果沒有用到應該教的方式去施教，就稱不上是在教學。

所以，你們做老師的，應該要能直覺地知道你在跟什麼樣的對象講話，以及該如何去講。

以下是斯瓦米韋達於一九八三年在美國明尼亞波利斯市的禪修中心回答瑜伽教師的提問。

**問：身為老師，我們該如何評斷自己教學的成果？**

我認為老師在教學時應該要留心三件事：

1. 學生回去之後是否願意練習所學到的東西，是否能夠持續練習，精益求精，直到完全熟練。
2. 老師是否能燃起學生的熱情，讓學生想要繼續深入，會想要回來學更多東西。
3. 學生能否受到啟發，他明白自己所學到的不是與生活脫節的東西，而是能夠導致人生觀的改變，讓整個人生因而變得不同。

以我自己為例，如果我上課能夠做到這三點，那就算是有所成果。

**問：我們是為了什麼而教瑜伽？**

這個我已經講過很多次了。我們去教，是出於慈悲心。世人在苦痛中，我們的心願是讓世人減少苦痛。根據《瑜伽經》，痛苦的根源是「無明」。我們教學是盡可能降低那個無明的程度。會來到我們瑜伽中心的人，在某種意義上都是在尋求某種幫助，我們就得助人。

**問：課堂中學生有非常情緒化的言語或行為，該如何應對？**

非常、非常簡單，只要讓你自己的情緒持平。我們試試看，你扮演激動的學生。

學生：我不喜歡你的課！

答：好的，我明白。是不是可以告訴我，你究竟對什麼地方不滿意？

學生：你教的東西毫無新意！

答：是的。其實本來就沒有新東西可言。你已經知道問題的答案。你只是需要覺察到自己知道答案。

你情緒的基調很重要，能如此回應的話，對方的情緒就會降溫。你不在上課的時候，也要培養自己的情緒能夠持平。假如你在課堂之外也是帶著跟別人一樣的情緒，那麼當別人帶著那種情緒來到課堂，你就幫不到人家。然後就會變成一種角力，彼此在較勁，對誰都沒有幫助。

所以我們強調老師要有一套自己的人生哲學，要保持什麼樣的情緒基調，要知道如何回應日常生活中衝著你而來的種種正面和負面的情緒，然後你在課堂中的情緒才能自然而然地持平，而不是扮演持平。

**問：怎麼判斷老師已經準備好了，可以開課教學生？**

有三個前提要件。首先，他內在有股強烈的欲望去助人。其次，他已經掌握了基本的技巧，能把技巧融入自己的生活中，所以當他在教學的時候，是自己的經驗之談，能有信心，而不需要靠記憶、靠筆記。第三，其實應該是第一，他要視自己是上師傳承的工具，不會有「我終於出師了，現在是老師，是我在教」的想法。只要你有這種傲慢自大的想法，你的教學效果就大打折扣。

還有一條，就是我前面提到的，我心目中理想的老師是情緒能夠持平，而且個性不會固執不通的人。很多人的做人處事太僵硬，不想做任何改變，以「我天生如此」的論點為理由。我見過有的人已經到了四十、五十歲，一生都處於那種青少年的叛逆期，遇到一點小事就要脾氣，「我不幹，因為我不喜歡」。這是個不成熟的象徵，如果不改，怎麼去當老師？

**問：我現在明白到，情緒和靈性的成長是相互牽連的。我想了解如何讓靈性能有更好的開展？**

是的。就這個題目，我年復一年講過不知多少次了。這也不是三言兩語可以完整交代清楚。我一向說，你的人際關係是檢驗靈性進步最好的辦法。還有一個檢驗是，當你的靈性成長了，你痛苦的念頭就自然會少、會淡化，而正面、快樂的念頭會增加、會增強。你的心念愉悅，能感染周圍的人，別人會用愉悅的態度回應你。這是測試靈性成長最重要的一個檢驗。

你可以每天靜坐六個小時，可是如果你在其他十八個小時是在培養痛苦的念頭，那你一點進步都沒有。所以你要試試觀照自己的念頭，觀照它們，淨化它們。有一本可喜的書：《憤怒：被誤解的情緒》（*Anger: the Misunderstood Emotion*，卡洛．塔夫里斯〔Carol Tavris〕著），書中所言就是我多年來一直所說的，非常值得一讀，我極力推薦，你們可以推薦自己的學生去讀。

身為老師，你個人的練習是重點，不要停滯不前，不要中斷。你要繼續練習覺知力，淨化身、語、心。你在上課前要先靜坐，我講過很多次了。還有，如果老師沒有愛心，不能自律，無論你的技巧做得多好，無論你有多少張證書，你的學生都會離你而去，你留不住他們。你要學會能留住學生，不只是留在教室裡，是下了課之後，他們還會留在你的瑜伽館。你教的是人，不是課堂，你對課堂上的每一個人都要關心。我們希望他們能繼續練下去，要啟發他們。而你就是他們的模範。這跟在學校教書不一樣，你不是走進教室，講課，下課，大家走出教室。有的學生會認為他們課後有沒有練習是他們的事，你管不著，「反正我來上課有繳費就行了」，很多人有這種負面心態。你要非常有耐心，非常有愛心去處理，要贏取他們對你的信心。幾天後，他們會想，「他真是一位好人，我不想讓他失望。」那你就改變了一些事情。

你要塑造出某種人格特質，可以更有效地用來影響別人向上。老實說，在我們這個中心有很多人對這裡的運作情形不是很滿意，有這樣那樣的意見。啊，但是他們年復一年還是留下來，容忍這些不完美，容忍這些問題。「唉，就是無法丟下艾瑞亞博士（譯按，斯瓦米韋達出家前的名字）。」我讓他們的心中對我產生愛，用他們對我的愛來給他們自己帶來好處。他們出於對我的愛，留下來繼續他們的練習。

還有你的溝通方式。我注意到很多時候老師和學生沒有目光的交集，沒有接觸，沒有感覺。老師在課堂上只管著自己，沒有去留心學生做得如何。這需要你能夠發展出對人的觀察力，而這種觀察力只有愛才能發展出來，沒有別的技巧，只有能真正關心別人才有可能。

**問：我們是教體位法、調息法，還是有覺知力就好，還是應該再講一些更細微層次面的內容？**

對這個問題我有點矛盾。因為這些東西容易踩線進入治療的領域，而我們這裡不是在提供心理諮詢和治療以及醫療。所以有這方面問題的人，嚴重的我們會請他們去看專業人士。雖然說絕大多數的情形可能並不需要深入到那些細微的層次，或者你可以跟對方單獨會談，建議他進入自己內在去探詢是什麼引起身體的不適，例如為什麼脖子會僵硬等等。但是，我們這裡的老師大多不具備資格去指導別人向內探索，去找到真正問題的所在，所以我們此時不宜開設這方面的課程。我的那本《哈達瑜伽》可能有觸及這個題目的表層，但是沒有深入討論，我目前為止也沒有讀到別人寫這方面的專論。我建議你們一定要非常、非常小心地處理，不要貿然給人任何治療的建議。

**問：您剛才提到固執不通的個性以及培養正面的情緒基調，瑜伽在這方面有沒有方法幫我們了解自己的心理基本面並做出改進？**

我們在用「心理」這個名詞的時候，不是那種還原論意義的「心理」，像是「我的種種問題都是因為我跟母親的關係惡劣所引起的」這類的主張。我們講的是自己養成的心態。當某事件「X」發生時，你不是必然地會有一種固定的「Y」反應。有的人說：「我就是這樣的個性，遇上了X事件，我當然會有Y的反應。」這往往成了一種藉口，讓自己的反應正當化，好像不得不採取Y反應。但是這不是必然的，你可以決定不採取Y，而是採取Z反應，或者採取任何其他的反應方式。你明白嗎？所以首先，我們不要掉入這種「佛洛伊德—榮格」式的制約反應，要知道決定權在我。

我個人堅信，理念是對治任何情緒難題的特效藥。你所信服、所養成、所奉為圭臬的理念，能夠幫助你決定該有什麼樣的情緒反應。例如，你的理念是一夫一妻制，那麼無論遇到多麼誘人的異性都不會讓你動搖。而沒有這種理念的人，就可能會說：「我遇到了這種情形就無法自拔。我畢竟是人，是個凡夫。」

我認為，我們的情緒是軟弱還是堅強的，決定因素是我們的理念。理念能決定我們的情緒反應會強烈到什麼程度。譬如說你經驗到暴怒的情緒，你的理念會決定你採取什麼行動，去到什麼地步，你是會去殺掉對方，去砸他的車子，去辱罵他，還是在心中詛咒他。所以我相信培養理念，而不是培養情緒。一旦理念培養好了，情緒自然也就培養好了。《瑜伽經》裡面有很多我們應該培養的理念，例如種種「夜摩」和「尼夜摩」的理念，對我們會有很大的幫助。

**問：我們如何能既保持生活瑜伽化，同時又能順應社會的風俗？**

我們講瑜伽的種種戒律，講瑜伽的種種修行，於是有些人對這些戒律和修行就固執不通，稍微有些偏離就會起了罪惡感。幾十年以前，我首次來到西方世界，那時是到了英國，我意識到男士必須要打領帶，尤其是跟某些人士聚會時，如果沒有打領帶，會被人譏笑：「你為何沒穿衣服？」然後在一九六〇年代，我來到美國在大學任教，第一天上課時我打了領帶，結果有些學生笑我：「瞧，他居然還打領帶！」對他們而言，打領帶是一種立場。而對我而言，打領帶不是立場，而是變通。

所以我會視場合決定自己該如何穿著，需要時我會西裝革履。但是，如果是印度傳統的場合，我會穿戴印度傳統禮服出席。有的人就是無法變通，即使在衣著這種小事上，也認為自己該堅守立場，這就是固執。對每件事都有既定的立場，那就是不通。不通就無法進步，情緒就變得僵硬，身段無法柔軟。所以你要能變通，你還是可以保持自己的理念，保持自己的原則。你有理念、有原則的話，就有本錢變通。但是，如果每次一變通，你的理念就變了，那就不成為理念，就只不過是一種狂熱罷了。

**問：但是堅持自己的理念和固執不通之間，只有一線之隔，不是嗎？**

是的，兩者之間的分界線往往不是非常明確。不過，你要知道，理念是要守在內心中，守在自己的意念上，只要這能夠守得住，那你外在的行為就可以有所變通。這個只有你自己才能擔任裁判，只有你自己才知道是否問心無愧。早年，我為自己是否該拒絕女學生給我的擁抱而感到不安，我不想冒犯人家。後來我去問斯瓦米拉瑪該怎麼辦，他說：「你自己心裡清楚就好。」可是有時候，如果我覺得對方在擁抱時還帶著別的念頭，我就會疏遠。

所以，你才是評斷自己是否能夠堅持理念的人，能如此，外在的行為就能夠變通。這一切都在於觀照的功夫，觀照自己的理念。其實，前面講的那些培養情緒、不要有痛苦心念等等，如果能夠觀照你的理念的話，那些都不成為問題。因此，你要培養理念，觀照之，奉行之。奉行，但不是狂熱型的一成不變，更不要周圍宣傳，把你的理念強加於別人。

**問：我發現自己太愛批評別人，我不喜歡自己這種個性，這種愛批評別人的態度是從哪兒來的？**

我認為批評是源自於自己的我執。我的人生是個受到屏障的靈性人生，有時候我妻子會對我說：「你不是活在現實人生中，你不能體會別人在外面世界必須面對什麼問題。」這可能是真的。所以有時候我可能會給人建議，而不確實知道別人日常生活的情形，因為我從小就生活在一個不同的環境中，我沒有同伴，不像你們需要和一般的人應對。那時每個來見我的人，臉上都帶著靈性的光輝，所以我可以很容易地坐在那兒說：

「我從不評判別人。」

不過，我可以給你的建議是，你從事任何靈性修行都不要張揚，不要對別人宣揚你多麼有靈性。我自認算是成功的地方是，無論遇見什麼樣的人，我都很習慣地說：「是的！是的！沒錯，是的。你說的有些道理。不過我的作法會有些不同，那是我個人的選擇。你無妨繼續你的作法，但是未來也許你可以考慮試試不同的作法。」我只是輕輕地給對方一點暗示。要知道，我不需要向對方證明我的靈性程度，我只需要對自己以及我的上師能夠交代。所以這又牽涉到變通，也要能夠謙卑。

我想，這需要培養謙卑的情懷，以及成為一名隨和、善良的人，到了能夠贊同那些與自己意見相左之人的地步。可以贊同那些與自己意見相左之人，但是也不用改變自己的生活方式，不用對人說：「我的方式比較好，我不會用你的方式。」你只要靜靜地繼續你所選擇的生活方式，讓反對之人去尋找他自己的方式。當你認為他改變的時機成熟了，只有到了這個時候，你才開口提出建議。不要在時機還未成熟的時候提出來。你能培養謙卑的情懷，這自然會發生。

有的人固執己見，可是他們得不到別人正面的回應，因為連他內心都還不能肯定自己是對的。我們經常會試著去說服別人，因為我們其實是想說服自己，那我們就會送出一些微妙的信號給對方，所以我們自己心中的抗拒感會反映在別人心中，然後對方會將這個反對的理據回敬我們。這種情形屢見不鮮。你的溝通無法見效，是因為你自己對於要溝通的內容無法肯定的緣故。如果你對自己要溝通的事情確信無疑的話，那麼最不費勁的方式會是最有成效的。最不費勁的方式，是最有效的方式。最不需要費勁的溝通往往是最有用的。你不妨試試看。

# 第9章

# 有效與學生溝通的藝術：與任何人溝通的藝術

譯者按，以下是斯瓦米韋達一九八一年於美國禪修中心講話的紀錄。

今天講話的題目是「與學生溝通的藝術」。我們針對這個主題已經談了許多，大家應該不會有任何問題才對。而我就像是一張會跳針的唱片，不斷地重複播音，但我講這個題目千遍也不厭倦。

你要在自己身上下功夫。我知道你在努力完善自己的體位法和調息法，總是想在你所擅長的項目單上再加一些新東西。但是，你真要下功夫的地方是你的情緒架構。我們下個月有一整個週末是要講述「夜摩」和「尼夜摩」，我希望這裡的每一位老師都不要錯過，因為那是需要下功夫的地方。在八肢瑜伽中，體位法是排在夜摩和尼夜摩之後，而我們很多人還沒有開始認真去思考夜摩和尼夜摩的問題。

只要你能夠正確地掌握夜摩和尼夜摩，你在世上就不再會有難題，這也就是你的夜摩和尼夜摩能做到什麼水準的最佳測試。那時，你所有的難題都會有人幫你解決，而那個「人」就是夜摩和尼夜摩。你會有一個徵詢對象。你會有一個可以把難題挑過去的地方。你會有一套指引。你會有一套系統來評估及衡量人生所有的事情。那個地方有人能提供諮詢，這個合適，那個不合適，這個有用，那個沒用。

請記住，一名有效的老師必然是一名在各個方面都是有效的人。所謂有效的人，是說承擔了一項工作，能夠完成它，得到自己所想要的成果。每個人在一生中都要不斷地測試自己的有效性。我是否有效？我是否在心中決定什麼是需要做的？我是否能做到我所要做的程度？它所產生果實的色澤和成熟度，是否是我所想要的？如果不是，為什麼我沒能做到？這個可以適用在你自己的婚姻幸福上。你是否如你所想要的一般幸福？如果不是，那就做個有效的人，讓你自己幸福。這完全在你的意志力所能掌控的範圍之內，我可以保證。

我是以一名過來人的身分跟你分享（譯按，此時斯瓦米韋達尚未出家），你們人生中所遇到的難題，我都遇到過，而且我遇到的有些難題比你們的難題更嚴重。我是在跟大家分享我所做過的實驗。我的人生不是沒有難題，不是沒有苦痛。不過，我學會了怎麼解決難題的藝術，學會怎麼降低自己苦痛的程度。這就是你我之間唯一的不同。我要求你們去做的，建議大家去做的，是去找到你心中被卡住的地方，那個讓你無法解決難題、無法取得成效、無法成為有效之人的癥結。

如果你的心老是徘徊在難題上，心就沒有時間去解決難題。心的本質是，一次只能處理一件事，至少你負責思維和情緒的心是如此。它一次只能做一件事，所以如果它是用在埋怨難題上，就無法找到解決的辦法。能找到解答的唯一辦法是，讓你的心對於那些難題保持中立。我所謂的心要中立，是說讓心中情緒的部分在還沒找到解決辦法之前要保持中立。若是你能這麼做，解決之道會自然浮現。

這適用於你的婚姻，適用於其他人際關係，適用於所有憤怒、憂鬱、自憐等等的情緒習慣上。情緒是我們的敵人。它擋住了我們的進步，降低了我們的有效性。當我們的有效性被降低了，就會落入惡性循環：「我沒用，我總是失敗，我一無是處，這不會有用的。」別人對你說：「你總該試一下吧。」而你說：「好，我會試，但我不認為會有用。」你一這麼想，就已經阻擋了自己成功的可能。只有當我們心中的情緒作用處於中立，我們的能量才能自由流動，才能有效地運作而導致成效。負面的情緒心念只會卡住能量的流動。

不幸的是，我們對於自己心中情緒的部分無所覺知。否認自己處於某種情緒狀態的人，並非不誠實，也不是在說謊。否認自己在生氣，否認自己有病，否認自己憂鬱，否認自己自私的人，不是在說謊，也沒有在騙人，只不過是沒有覺知力而已，沒有覺知到自己心中情緒的部分。覺知，是我們要做到的第一步。不能覺知到自己心中有這些狀態，會間接影響到我們的其他狀況，降低人生的有效性。

人的潛能很大，我們幾乎可以完成任何想要做到的事。我希望你能相信，世上無難事，沒有什麼是你做不到的事，你只需要懂得成事的正確心理途徑。但是，你要明白，這其中是有幾個微妙的訣竅。你需要能評估自己專注的能力。只要你能學會估計自己專注的能力到什麼程度，世上就沒有什麼做不到的事。而妨礙你專注最大的原因是，你老是把心掛在難題上的那個習慣。有人會問：「如果我不去想問題的話，怎麼能解決問題？」你要知道，具有建設性的思維是另一回事：坐下來，看著問題，分析它，考慮各種可能，心態要客觀中立，心中要清楚，對問題不要帶著情緒的包袱。情緒的包袱就會導致淤塞，讓你卡住。

我常為某些人感到難過，因為他們沒有看到自己問題的真正癥結所在，別人也無法為他們指出來。我經常聽到的抱怨，像是：「我妻子不讓我來禪修中心。」「我先生反對我來這裡。」「我在這裡不受到重視。」「沒人歡迎我。」這些都是想用外在淺薄的象徵來彌補某種不足。什麼「重視」、「歡迎」、「肯定」之類的東西，其實是指向你在別處所感到的不足。你內在有某種無法得到滿足的失落感，然而你又無法清楚地把它指認出來，你看不到它。縱然你在理性層面看到了它，但是你無法鼓起勇氣去補足內在的那個弱點。所以你才會試著從別人那邊取暖，要取得別人的肯定，來彌補內在的不足。這可不是去服務世人，不是去為上師傳承服務，不是去為學生服務的辦法。「我的學生是否肯定我？他們是否尊敬我？我是否給他們留下好印象？」這些都是一種情緒淤塞的心理。如果你只在乎是否給人家留下好印象，你就絕不會留下好印象。

所以，我講的第一個重點是，你要學會別總是把難題掛在心上，不論是有意識或無意識的掛念都要放下。給你自己訂下某個完全無私的任務，去完成它。無論多麼渺小的任務都可以。從小事開始，然後再著眼於更大的事。試著去從事那些你心中存有某種罣礙的任務。克服那些罣礙。去做一些你不喜歡做的事，帶著愛心去做。這就需要你能夠對它保持情緒的中立。世上沒有你無法取悅的人。就算他是地中最堅硬的岩石，你也可以有辦法一點點融化他。世上沒有哪種障礙是你不能夠把它的強度給降低的。

目前你還不必豪氣萬千地宣稱：「我在今晚以前就要清除自己所遇到的一切障

礙！」假如你能在今晚以前解除自己心中所有罣礙的話，你當然可以做到。「我無法在財富方面取得成功。」這是因為你被某個罣礙卡住，你不知道如何打通它。世上所有的理財顧問都不見得能幫到你。因為那是一個跟金錢無關的罣礙，不是你學習經濟時遇到的罣礙，是你在別處所遇到的罣礙。是你在人生中某時、某地、某事，你接受了自己是個失敗者。你人生中在某時、某地、某事，產生了某個心理罣礙，卡住了你，阻止你取得成功。如果你能指出來那是什麼罣礙，成功就是你的。

你要回頭看一看，那個罣礙是在哪裡產生的？你是對什麼有了恐懼？你要克服那個恐懼。當高空鞦韆的表演者從鞦韆上掉下來，如果他還想繼續表演生涯，就得當場立即回到鞦韆上，否則他以後可能永遠無法再回到鞦韆上，表演生涯就結束了。你能找出自己一向在懼怕什麼嗎？我要你接受挑戰去找，今天、明天、下個月都行。不用急，慢慢累積足夠的勇氣。哪怕這讓你感到自己的心跳加速，也是正常反應，只管去找找看。

我說這些跟學生溝通有什麼關係？與學生溝通就不外乎是這個，就是在減少你心中的罣礙，而不是在減少他們的抗拒。我再重複一次，不是要減少他們對你的抗拒，而是要減少你自己心中的罣礙。因為你有罣礙，才因而導致他們對你、你的教導，對瑜伽、練習，產生了抗拒。

每一位老師都應該要寫心靈的日記。記住，是心靈的日記，不是情緒的日記。不是寫滿了你對世界的怨氣、對自己的怨氣。那就成了情緒的日記，是不同的東西，是一種不同的療癒法，對於自我療癒會有所幫助。但是，請不要把它跟心靈日記混淆為一件事。在心靈日記中，你要寫下你的目標、理想、原則，要明確地寫下：「我服膺這個理念、那個理念，它們是我人生的指導原則，是照亮我前進之路上的明燈，會解決我的難題，我深信自己應該成為這樣、那樣的人。我會成為如此之人。」然後你要使用這些在一年之初所訂下的目標，這些內在的心靈目標，來衡量所有的行為、念頭、言語，寫下：「我在這方面成功了，那方面失敗了。我將如此如此去做以求成功。我將如此如此去做以避免失敗。」

對於很多人而言，寫情緒日記也是必要的。在情緒日記裡，你可以記下任何想要寫的東西，你只管一直去寫、去寫、去寫，寫滿每一頁。不過，假如你真有那麼多時間去寫的話，請告訴我。我現在寫書很需要人手幫忙。

當你能洞視自己，就能洞視別人。因為每個人所面對的難題，可能在程度上會有所不同，但別人也都會經歷到。你所經歷的難題，也就是世上其他人的難題。如果你無法減少你先生對你的抗拒感，減少妻子對你的抗拒感，減少子女對你的抗拒感，你就無法減少學生對你教導的抗拒感。抗拒的原理都是相同的。

如果你不能訓練自己在日常生活中更有效力，無論是在工作、理財，乃至於衣著上，你還沒學會如何變得更有效的話，你在課堂上就不會是一位有效的老師。你應該去把自己變成一位有效力的人。這是完全有可能的，你只需要有明確的心靈目標，不要一天二十四小時都把心掛在難題上。你的注意力要用在難題的解決，而不是在難題上。也許你無法在兩個月內解決，也許要用上二十個月，但是你終歸能解決！

我先停下來讓大家發問，你可以為自己發問，也可以為別人發問。

**問：請問要如何將覺知力帶到自己的身心上？**

這就是要持續地自我觀察。你去看、去挖掘、去挖得更深。但是你要知道，這永遠必須要基於一個價值系統，否則你會以困惑或失敗收場：「喔，這不會發揮任何作用。喔，我不好，我沒用。」因為你沒有能夠基於一個價值系統去衡量自己，你沒有建立一個目標。如果你有了一個目標，「這是我要攀越的山。我還得再多加把勁。我還得再加多把勁。」你不斷地追蹤自己的進度。

每當我發了脾氣，我的反應不是，「我又犯了，我又動怒了，我不好。」而是，「天哪，我心中又多了一個惡業。現在我得清洗它。」然後我去找清洗的辦法，譬如說我要清洗衣衫的話，會需要水、肥皂，還有可以清洗的地方。

假如你憤怒的話，你在心中可以立即有兩種不同的反應。這就像是你遇到危險時，可能會採取反擊或是逃跑的直覺反應。當你被激怒時，可以有兩個不同的反應去選擇，一個是祝福，一個是咒罵。一般人會說，如果你想咒罵，就罵出來。但是我要說的是，你是有選擇的，你可以選擇祝福的情懷，或是選擇咒罵的情懷。在你心中有個微妙的地方，會給你機會去選哪個。可惜大家沒有去體會心中那個微妙的地方，那就是心靈之力的所在地，那就是意志力所在地。而大家沒有去用到心靈的意志力，所以人生就變得一團糟，就一團迷惑。你要根據自己訂下的那個價值系統去行使心靈的意志力。

有人會說：「你講要遵守夜摩、尼夜摩，要貫徹非暴力，可是當有人拿槍指著我的時候，如果我還不能去試著防衛自己。豈不是太傻了？」是的，我完全同意你應該防衛自己，而且我也不會建議你毫無武裝地單獨進入狼群出沒的森林中。但是，我可不會建議聖方濟各（St. Francis，傳說中的基督教聖人，狼群都不會侵害他）要先武裝自己才走入森林中。因為，以你的心念狀態，你需要武裝。但是以聖方濟各的心念狀態，他就不需要。當你的心念淨化了，奉行非暴力的能力就更強。

你在學生那邊發現他們在抗拒什麼嗎？我可以分享自己處理的經驗，我不能說我的方法百分百有效，但每當我遇到一個情況，覺得有可能會導致抗拒的時候，就會在他們還沒說出來之前，自己先說出來。我可能會用開玩笑的方式來化解它。我會讓對方覺得我跟他們是站在同一邊的，這不只是持開放的態度而已，我真的會讓對方覺得我們是站在同一邊的。如果你要把人家拉到你這一邊來，就得先站到他那一邊去。假如你因為知道有可能會引起抗拒，所以懷著一種不安的感覺，那你就為自己製造了罣礙。

譬如說，你在「中途之家」（譯按：協助精神病患或服刑人重新融入社會之機構）工作。比起那裡的患者，你的心應該更清明，所以你才能擔任輔導員的工作。或者如果你是老師的話，你的心應該比學生更清明才對。如果你的心比較清明的話，也就是說你的心力強過他們的心，你就有能力影響他們的心。因為你的心清明，你更能夠專注，更具有容忍力才對。但是，一旦你內心開始不安而有所畏卻的話，你的有效性就會隨之下降。像是「他們都是被逼著來到這裡，不會喜歡聽我講話，我該怎麼做？」這樣的想法，就形成了一個情緒的罣礙。如果你知道自己的心念是清明的，就能找到正確的字語，就能找到正確的方法贏得他們的信任。

不過，我要再次強調，我們要知道產生罣礙和消除罣礙的理則，不是只針對某個情況。雖然說罣礙的徵兆在某個特定的時間、某個特定的情況下顯現出來，但你需要對治的是心念的全體，要淨化的是整個心念，不只是某個特別的徵兆。如果你只是針對某個特殊的情況下所顯現出來的罣礙，去尋求化解之道，就沒有治到本。你心中在某個時地所顯現出來的反應，只是一個波瀾，它後面是一股你整體心念輸入與輸出總和的那個巨大浪潮。所以你要從整體人格下手。

**問：冥想為何能影響這些罣礙？**

冥想的時間是在打通罣礙。因為在那個時間，心沒有住在難題上，而是住在平靜、清明、單一的對象之上，就是在訓練心放下這些罣礙和難題。所以，冥想也是在向你證明：心可以脫離這些難題，不必然要跟它們糾結在一起。可是我們都放不開這些糾結，而你越是糾結在難題上，成功解決它們的機率就越低。

**問：我發現，在教學中學生們都能靜下心來，但是等到下星期回來上課時，他們又回復了焦慮和緊張的心態。**

你要繼續在自己心上下功夫，他們也一樣。你不可能有根魔法棒，一揮就讓他們得到轉化。你也要明白，他們會有抗拒，往往不是針對你，而是他們本有的抗拒心。我們不要因為別人的問題而自責，你只管盡你的能力和注意力所及，做你在那個狀況之下可能做到的。誰知道哪天你也許會成佛，你只要一碰對方，連強盜都會變成聖人。你只管朝那個方向前進。但是到目前為止，你不能宣稱自己具有那個法力。當然，有的人會試著去觀想自己具有那種本事，這可不是我們該下功夫的方法。

我告訴你一件事。很多人來找我，他們以為我無所不知，以為我每晚都會精神出體神遊太虛，或者天曉得還有什麼本事。他們不知道我對這些所謂特異現象的事是懷疑到了冥頑不靈的地步，基本上我對一切所謂靈性現象是抱持著懷疑的態度，我對一切所謂的預言也是完全地懷疑，對任何宣稱自己前世是誰、某人前世是誰、來世是誰，對任何的神通本事之類的，是根本不信的，一點都不信！我只信自己的冥想修行，對什麼靈異現象毫不關心。我所抱持的原則、所據為測試的標準，也就是我上師所確認、所教給我的：要先找盡一切物質上、物理上、生理上、心理上的解釋和原因，只要有任何可能的解釋，就要接受，就不要視為是一種心靈現象。如果所有這些可能的解釋都排除了，才能去討論也許那是一種心靈現象。不過，即使如此仍然要保持開放心態，因為你還是有可能忽略了某些合理的解釋。這就是我的哲學態度。

例如，有人對我述說他經驗到身體中某些奇特的感受，我反而會問他的性生活如何。他說：「喔，不關那個事，我從不在乎那事，我只在乎靈性層面的事。」他一這麼說，我立即就能認定他所經驗到的應該不是屬於心靈的現象，因為我不會輕易接受靈異的世界。

雖然這麼說，你也不用擔心你會跟靈性現象絕緣。靈性現象是非常細微，非常超絕的純淨境地。不過，它需要經過小心的檢驗，不要一廂情願地接受。當下有種種所謂能讓人進入靈界領域的法門，在我看來全都是危險的舉動，何況對真正靈性的修行也無助於事。

跟學生的溝通藝術中，有一個非常基本的原則。我發現，有許多瑜伽老師走進教室，教了一個半小時的課，跟學生們卻沒有建立起連結。我發現有些老師關心的是全班學生，而沒有關心到個別的學生。個別的學生感受不到你對他有所關注。就算你克服了自己的罣礙，個別學生能感受到你會關心他的技巧，注意他做得如何，但是他們感受不到你身為一個人對他們個人的關心。你會說：「我才第一次見到這個人，要怎麼關心他？」沒錯，但這也正是一般人和發心走上靈性之途的人區別所在。你的愛要普及到整個人類，不只是光在嘴中說所有人都是家人。否則，你就是見林而不見樹，見不到個別一棵棵的樹。這種愛不是表現在你那些淚水和擁抱中，而是要讓對方知道你出於非常純正的意圖，真正地關心他的一切。

這需要你能夠擴展心輪。你的言語要發自內心，講話要從心窩處發聲。還有你要保持眼神的接觸，眼睛的能量也要來自心窩處。無論你是在為人提供輔導諮詢，或是進行討論，乃至與人辯論時，都要運用到。

這在課堂上也適用。你要從心窩處言語。讓那股能量透過你的眼睛傳遞出來，你的眼睛要接觸到所有人，在眼神的接觸中展現愛意。那是一種受控的愛意，不是憐憫，不是同情。就是在表達你承諾提供援手，那是一種助人的承諾。施教就是一種承擔，承擔去助人。

**問：有時候我覺得自己沒有準備好去教別人。**

你要知道，為了要教一堂什麼課而去做準備是不足夠的。要把自己準備好去教學，這是一輩子的事。我在教課前要花二十四到三十六小時去準備，不是去準備教材，是要準備好自己。我不會去想自己要講什麼，如果我去想該講什麼的話，到時候我反而會說不上來。你想想看，我教學至今已經有三十九個年頭了，幾乎每天都在講課！我要從哪裡去找那麼多材料來教？如果我要去準備教學材料的話，每天非得在圖書館待上二十三個小時不可。

我要準備的是我自己，我在講課前會用上二十四到三十六小時去準備自己，把自己調整到那個狀態。這意味著我需要節省我的能量，調整我的情緒。你們之所以會願意一再回來坐在這裡聽我講，表示我講課多少算是有效的，那都要歸功於我無論去到何處講演，事前必須做足二十四到三十六小時的準備功夫。

假如我發覺不能夠專注於把自己給整理好的話，假如我的心在上課前二十四到三十六小時內飄移到一些無關的情緒上，我會不惜取消講課，好在這個情形還沒發生過。我要淨化自己的最大動力，來自於我對學生的關心。我要對你們負責，我無時無刻不把這個責任掛在心上。假如我在上課前情緒受到影響，或者發了脾氣，或者自憐自艾，或者陷入什麼低潮等等，那些你們心中經常充滿的情緒，我就不會有能量去教，就不能夠專注，我就不會有愛心，不會去關懷別人。你們下次就不會再來聽我的課。

# 第10章 悲心

以下是斯瓦米韋達於一九八〇年以「悲心」為題的講演紀錄。

梵文的「悲心」是karuṇā，這個字帶有要「行動」的意涵。[1]悲心不是被動，什麼都不做的態度，而是意味著要有所行動。悲心不是憐憫心，憐憫心是帶有自大的情結。悲心不是同情心，同情心是你看見有人在哭，你跟著哭。悲心則是當你看見有人在哭，你將歡樂帶給他。同情心是你拾起別人的憂愁，悲心是你把歡樂帶給別人。凡是偉大的生靈，偉大的轉世者，例如佛陀和基督，都不是富有同情心的生靈，他們有的是悲心。如前所說，悲心帶有行動的意涵，因此當他們動了悲心，會起身行動為他人解除憂苦。

帕坦迦利的《瑜伽經》被學習瑜伽的人奉為聖經，其中有一句非常重要的經文就是要我們培養四個正確的心態，也就是慈、悲、喜、捨：

**慈**（**maitrī**）：對於在幸福安樂中之人要起慈心，就是友愛之心。

**悲**（**karuṇā**）：對於遭受任何苦痛之人要起悲心。

**喜**（**muditā**）：對於有德之人，靈性修行進步之人，要起喜心。

**捨（upekṣā）**：對於無德邪惡之人，要起捨心，就是不要有憎惡心。

這四個我們必須培養發揚的正確心態，它們合起來被稱為「梵嬉」（brahmavihāra）[2]，意思是嬉樂於「梵」中。

很多人對於悲心有所質疑和抗拒，例如有人會說：「我只求自己不用受苦，如果有人受苦的話那是他的問題。」今天有越來越多人抱著這種獨善其身的態度，「我不想多事」、「我不想自找麻煩」、「我不想介入」等等。你聽見跟你住在同一棟大樓的鄰居正在暴力虐打子女，你不採取任何行動，你說：「這不關我的事，我要做我早上的冥想。」如果你所從事的冥想教你在這種情況之下都不要出面，對不起，恕我直言，去你的冥想！這種事不關己的態度是一種病態！

悲心是我們需要時時培養的一種心理素質。在開始的時候它也許會給我們添麻煩，但是遲些日子它會帶給你加倍的喜樂。任何人只要真誠地培養悲心並且能付諸實行，他所得到的滿足感會遠遠大於那些只會坐在一邊冷眼旁觀別人受苦的人。

悲心可以理解為有兩個層次，這是因為所要彌平的苦痛不同而有分別。身體上的苦痛，像是疾病飢餓，出於無私的悲心去救助遭受這種苦痛的人，例如聖德雷莎（Teresia）修女就是一個典範。像這樣有悲心的偉大人物，他們都會感受到一種至為微妙又最持久的喜樂感。這種喜樂感不是靠別人給予你什麼東西，而是來自於你給予別人什麼東西。你的喜樂無求於人，你給出去的越多，就越有滿足感，就越感到富足，完全不因為別人有什麼反應，完全不因為別人是否感謝而受影響。這是一個層次的悲心。

另一個層次的悲心，是為了要彌平別人另一個層次的苦痛而起。它非常不容易做到，因為那不是身體上的苦痛，而是瑜伽哲學中所謂的「煩惱」（kleśa）。「煩惱」指的是心靈上的苦痛，與所謂的「心靈染汙」是同義詞——被傲慢所染汙，被自大心所染汙，被自私心所染汙，被殘暴、惡毒、報復心所染汙，被流言、憤怒所染汙。對於一名飢餓的人起了悲心而給他東西吃，是非常容易做到的。但是對於一名憤怒的人要起悲心平息他的怒火，則是非常不容易做到的，因為我們通常對於憤怒所起的反應都是憤怒以對。

我們必須要了解，這些「煩惱」，這些心靈上的染汙就是一種苦痛。無論你稱之為邪惡、罪惡、無德、反社會、心理失常，其實都是同一個東西。要把別人的憤怒視為是一種苦痛，而且要用對待飢餓之人相同的態度和方式去對待憤怒之人，是非常困難的。

導致困難的原因，是我們沒有意識到憤怒之人其實是在苦痛之中。誠如耶穌所說：「如果你們的兒子要吃麵包，有誰會拿石頭餵他？」如果你遇到了一個憤怒的人，你會去平息他，還是會讓他更憤怒？如果你能待憤怒之人有如待飢餓之人，那就叫做悲心。

學習如何平息別人的憤怒，是悲心。飢餓需要的是食物，憤怒需要的是平撫。我們大多數人所具有的悲心是粗大的，我們懂得施捨食物給飢餓的人。然而，我們缺少的是細緻的悲心，我們不懂平撫憤怒的人。憤怒，也是一種苦痛，是心靈的苦痛。我們需要培養的是這種細緻的悲心。

有的人會把寬恕當成是這種悲心的一部分，但是我相信悲心是更廣泛的。當你自己的心念變得更細緻，你對於別人因痛苦而表現出某些行為的感受就會不同。你對於他們那種毀滅性的行為就會有不同的觀感。然後你會出於悲心，不是去改變他們的行為，而是去改變他們的感受，讓他們可以用更正面的心態去取代負面的心態。這是在人類的層次的悲心。當我們去到了真正大師的層次，去到了基督、佛陀的層次，我們的悲心和願力就會更強大。

「觀自在」（Avaloketeśvara）在藏傳佛教是「五佛」之一，極受尊崇。Avaloketeśvara

這個梵文字的意思，簡單地說就是「在俯視的神主」，以悲心在俯觀世間，像極了一位站著的母親，低頭看著睡在搖籃裡面生病的孩子。而我們就像是睡著了的病童，毫不察覺有那些偉大生靈的存在。我們只有在需要哺育，在苦痛中需要被抱起來的時候，才會去想到他們。可是他們卻是一直站在那兒，隨時準備俯身拾起我們，因為他們都立誓要拯救世人。

在佛教中有所謂的菩薩誓。菩薩是未來的佛，他們的誓言是在自己旅途終了時要得到終極證悟解脫。我們都有心求證悟，在佛教的說法是，在成道之前第一步的果位叫做「須陀洹」或「預流果」（梵文為 srota-āpatti，巴利文為 sota-āppana），是入流者，受到啟引，進入了覺性之流，開始隨之流向覺性大海。但你需要經過很長、很長的「流程」，才能真正下定決心，真正發心。那可不是像是你說：「啊，的確，那是我想做的。我先試上六個星期。」然後你六天就放棄了。不是的，當你真的發了心，那可不只限於你待在我們這個中心學習的期間，不只限於未來一年的時間，也不是三年、五年，是你一整生，以及其後的生生世世都要朝著成道的目標奮進。而且，是要等到渡盡世間所有的眾生，讓他們都脫離了苦難，自己才會成佛進入涅槃。那，就是菩薩誓。那，才叫做悲心。

我有很多關於悲心的故事，前面說過悲心的層次不同，有我們常人能做到的，例如母親對於嬰兒的悲心。即使如此，假如你去到另一個星球，那邊的人都是在試管環境中培育養大的，他們就無法明白、無法理解、無法接受、無法相信我們所謂「母親」這個理念的千萬分之一。

你聽過有人會對行刺自己的人發悲心嗎？十九世紀有一位偉大斯瓦米，他積極推動社會改革，對於當時社會的病態提出嚴厲的批評。因為有他，印度社會的確革除了許多傳統的黑暗面。不過這就觸動了某些既得利益階層的神經，於是他們就要阻止他。他們先是試著用各種方式利誘收買這位斯瓦米都不成功，收買不成就改用威脅，威脅不成的話就只有動手了。最後他們收買了斯瓦米的廚子在他的食物中下毒。這位斯瓦米毒發之際，知道是廚子下的手，就把廚子叫來面前，對他說：「你的事蹟已經敗露，等我的信眾發現是你，他們一定會對你不利。你畢竟服侍我多年，我這兒有五百盧比，你拿著趕快逃走，免得被人捉到。」廚子聽了泣不成聲。

要是我們假設斯瓦米沒這麼做，而是召來警察逮捕廚子。這有什麼用？會造成什麼結果？對斯瓦米有什麼好處？對廚子會有什麼結果？但是，在那個當下，當斯瓦米遞出五百盧比，對他說「快逃！」之際，所有的悔悟之情都從廚子內中流出，他的淚水洗淨了他——洗淨了他！斯瓦米毒發身亡，廚子離去，人身安全。

如果你沒有悲心的話，就不會有這樣的舉措，不能看見所有邪惡行為的本質其實是苦痛。能夠明白邪惡行為其實對於行為人是一種苦痛，那就是悲心。有悲心就會試著把行為人由他的邪惡中拉出來，試著把行為人從他的靈性陷落和心理苦痛中拉出來。

**問：當耶穌基督被釘上十字架時，他是否也起了這種悲心？**

是的。他說：「原諒他們，因為他們不知道自己在做什麼。」他明白是那些加害人的無明在作祟，他需要把他們由無明中拉出來。

**問：甘地是否也有為開槍射殺他的兇手祈福？**

甘地沒有時間說話，當他中槍時，口中只能發出「ram」，那是他所奉持的咒語。我相信，假如當時他還有餘力，還能夠話語的話，他會寬恕兇手，這是毫無疑問的。大多數人都不知道，那名兇手在行兇之前先向甘地鞠躬致敬，他絕對尊敬甘地，但是他有自己所信仰的政治理念。這是印度長久以來所面臨的國家政治形勢問題，那是印度近代一段非常動盪和困難的時期，然而這和我們的主題無關，不需要在此深入討論。

還有一個仁天（Rantideva）故事，他是個神話中的明君，仁慈愛民，終身行善布施不輟，人格幾乎沒有任何瑕疵。當他的陽壽盡了時，天帝派遣使者來迎接他去天宮。使者對他說：「天帝正在等著你前去，不過因為你此生曾經造下一、兩個惡業，所以在前往天界之前，必須先要經過地獄的門前，然後才能進入天界。」於是仁天就隨著使者前去地獄。當他們來到地獄之門，仁天聽見裡面傳來淒厲的哀嚎：「皇上，請留步，不要拋棄我們！我們知道您仁慈又深富悲心，您的到來已經為我們帶來了清涼，紓解了此處的炙熱之苦。請您駐足，哪怕片刻也好。皇上，請留步！」

仁天聽到了地獄中眾生的籲請，對天界的使者說：「我必須留下來，不跟你們去了。我畢生的誓言就是要拯救眾生的疾苦，你們也知道這麼做是對的，否則就不會帶我來此。我必須留下，你們請回吧。」

「噢，皇上，使不得，你會壞了所有的業力法則！如果業力法則壞了，整個宇宙世界都要翻天覆地，所有的秩序都會大亂。你的業報是跟我們去天界，我們不能讓你留下來。他們會受苦是造下惡業的報應，你要升天是你善業的報應。跟我們走吧。」

「難道說我什麼都幫不上他們嗎？」

「不行，皇上。你的業力時間已到，你已經不再具有一個身體來為他們盡力。」

仁天對使者說：「縱然如此，我於此鄭重表明，以我所有的功德，所有那些讓我因而憑以升天的善業，全部迴向給地獄眾生，願以此減輕他們所受的苦厄。我於今捨盡所有的善業，所以不能再升天，你們自己回天界去吧。」

誰知使者對仁天說：「啊，皇上，你知道你這麼做的後果嗎？由於你的無私布施，你的功德又翻了一倍，你待在天界的時限被加倍延長了。」

仁天說：「我不求王國，不求財富，不求享樂，即使將我的國土擴充到比宇宙還大也非我所想。我甚至不求永斷輪迴，也不求生於天界乃至解脫。神主，如果您恩准讓我的心願成真的話，就讓一切眾生的苦痛加諸於我，免除他們的苦痛。」這是一段非常古老的祈禱文。

印度教徒去神廟禮拜，在祈禱結束時會誦念的其中一段文字是：

願邪者能歸正，
願正者能得安，
願安者得解脫，
願他解脫他人。

所以，我們發願開悟的目的，是為了要強化自己，為了能有力量、有能耐去擔負更重的責任。因為如果你自己還沒解脫、還在無明中，你對眾生就沒有用，你只會用憤怒去回應憤怒，只會徒然加重世間的苦痛。

**譯註**

[1] 梵文的動詞字根√kṛ是「行為」、「作為」的意思。

[2] 佛學中常見譯為「梵住」，因為 vihāra 也有安住（以及佛寺）的意涵。在大乘佛法則是將四個正確的心態稱為「四無量心」。

第11章

# 心靈進步的跡象

譯者按，以下這篇的原文刊載於國際喜馬拉雅禪修總會的月刊，似乎是彙集了斯瓦米韋達於不同場合對於這個題目所做過的開示，在文氣上可能會有少許不連貫的感覺，然而主題相同，其中不乏瑜伽修行上的金科玉律，值得深度閱讀思索。

瑜伽不只是在於學習一套理論或某種技巧，而是在全盤改造我們的人格。為了逃避人生問題而冥想，就不是冥想。能讓人生的問題得到化解，而不是以一己為中心的冥想，才是真正的冥想。你要覺知到一己，但是不以一己為中心。不以一己為中心的冥想是有某些特徵的，是要將冥想完全奉獻給神意，奉獻給上師傳承。這需要學習如何定下來，如何靜止，如何不會老是搖擺不定，如何能長時間靜坐。有的人無法久坐，為什麼坐不久？因為他人生中對任何事情都無法持久。脊柱無法保持正直的話，是因為他的氣能量無法通暢流動。

修行的途徑有兩條：由內向外，由外向內。這兩條其實是同一條途徑。你要覺知自己靈性的本來。那個靈性的本來，那個阿特曼，那個本我，一直是在靜止中的。所以你要能保持脊柱正直，肩膀放鬆，面容平靜。手在動的時候要保持覺知，不要動得像是風暴中的樹葉似的。要學會無論是動的時候或是坐的時候，都要保持覺知。如果你感到有干擾的話，是因為你還沒有讓那冥想的效果充盈到全身，沒有讓你的氣穩定地流動。當你想要改變一種習慣，剛開始的時候總是會感到需要費點勁！但是無論什麼事，你只要重複去做，就會成為一種習慣。悅性的習慣會發自於你內在神聖的悅性。

帶著覺知去看。帶著覺知去閱讀。動起來要帶著覺知。呼吸要帶著覺知。要覺知你的感受、感覺、觀察。你坐著、靠著、躺著、跪著、站著的時候，都要帶著覺知。這就是在做靈性的練習。

瑜伽士的身體要保持靜止，就像是在無風狀態中的一苗火焰，靜靜地在燃燒中。在用心的時候，高層的心在看著低層的心，在見證著低層心的活動。無時無刻不如此，即使在睡眠中，高層的心也是在觀察者低層的心在睡眠中休息著，那麼你才算是上道了。

每兩個半小時或三小時，就做一次兩到三分鐘的冥想。在你就寢之前，做哈達瑜伽之前，用早餐之前，離開房間之前，要去散步之前，散步回來之時，都是簡短冥想可用的時機。你重複地做，每次只需要兩、三分鐘，每天要做許多次，這能夠幫助你截斷外界輸入心印的流程。來自外界的心印會被減弱，自己內在受控的心印就印得更深。

由覺知呼吸在鼻中流動的方式來開始這種冥想。你要在心中決意，在一天中要不斷地把心帶到這個平靜的境地。

我們傳承很重視的兩本經典，一本是帕坦迦利的《瑜伽經》，另一本是斯瓦特瑪拉瑪（*Swatmarama*）的《哈達瑜伽燈論》（*Hatha Yoga Pradipika*）。《哈達瑜伽燈論》的一開頭就強調，在王道瑜伽的前提之下，哈達瑜伽才有意義。脫離了王道瑜伽，哈達瑜伽自身就不存在。我們這個傳承強調一點，要傳授的是經驗，不是技巧。《瑜伽經》、《薄伽梵歌》、《奧義書》、《哈達瑜伽燈論》、《吠陀》，這些經典所記載的無非都是瑜伽士自己的經驗。除非你能夠開始往內走，否則無法了解這些典籍的意義。

你要能養成兩個習慣，一個是注意力往內的習慣，一個是靜止的習慣，只要能養成這兩個習慣，其他的資質自動會養成，遵守夜摩戒律和尼夜摩善律就會變得毫不費力，很自然地就會朝著它們邁進。《瑜伽經》第一篇所說的「串習」，是在致力於心地能夠穩固得止。「串習」這個名詞有兩層意義。穩固，是無論你到了什麼境地，能夠保持住那個境地。那就是面向內，注意力朝內，意識向內流動。「串習」的另一個意義是致力於靜止。當你在言語時要在靜止中為之，在靜止中去看，即使在揮動手臂時也是在靜止中為之。

在做體位法的同時，要去體驗靜止。進入體式時，體驗靜止。由體式中出來時，體驗靜止。那就是「串習」。《瑜伽經》說，體式的成就在於穩定和舒適。而達到這個要求，靠的是「放鬆不出勁」以及「覺知力融於無盡中」。我們說要致力於靜止，保持靜止，要如何致力？經文告訴我們，放鬆不出勁，所以是放鬆中致力，不是使勁的那種致力。這是很多人沒有能夠掌握到的瑜伽細緻的方面。那種放鬆的境地是由兩個途徑慢慢培養而來，一個是練習時要隨時保持覺知，一個是做特殊的放鬆練習。

《薄伽梵歌》第六章三十四頌：

奎師那心何其莫測（cañcalaṁ hi manaḥ kṛṣṇa）
起伏不定頑強固執（pramāthi balavad dṛḍham）
我思如欲其得降伏（tasyāhaṁ nigrahaṁ manye）
勢必難於風之降伏（vāyor iva suduṣkaram）

這是王子阿朱那對他的上師奎師那嘆道：「噢，奎師那，我們的心如此不定，如此頑強，我想，要降伏心會比降伏風還要困難。」所以《瑜伽經》告訴我們，要得「止」的話就需要靠「串習」，這必須要長時間、無間斷、虔誠、如法修習，才能到穩固的境地。

我們的意識有所謂的三個階段：清醒、入夢、深眠。我們不把夢境和深眠境混為單一的睡眠境地，因為夢境和深眠境是有分別的。當你在清醒、入夢的境地都做得了主，最後連在無夢的深眠境中都做得了主，那你才夠資格去認識第四個境地！根據《瑜伽經》，瑜伽的定義是，「心的作用受控叫做瑜伽」。所謂心的作用有五大類，包括了證量、顛倒、夢想、睡眠、記憶。其中心的第四種作用是睡眠。如果睡眠不能受到控制的話，冥想就連邊都沒有。

控制睡眠的祕密是什麼？是淨化情緒！是你的情緒在消耗你的心力。因為情緒耗盡了你的心力，所以你覺得疲倦。要直接進入深沉睡眠的祕訣是心中無事，不要讓那些在心中漂流的垃圾阻擋你進入深眠狀態。

有個問題叫做選擇性的教導，就是說將五花八門的法門技巧混在一起，然後用自己的想像力來填補其間的空隙。這就是問題所在。假如你是受教於一個古老的傳承，學到的那些法門技巧都是行之有效的，都是屬於同一個巨大體系當中的某個部分，就像是你身體中比銀河系裡的星星還要多的細胞，都是依照某種規律而排列有序。我們此處所教導的喜馬拉雅傳承，它最大的長處就是包羅了所有的體系。

但是你要從掌握基礎開始！所謂的基礎，是正確的坐姿，正確的呼吸——我強調——正確呼吸！正確的呼吸方式是放鬆所有的肌肉，放鬆所有的神經系統，放鬆你的心。還有，淨化情緒，這就是要靜下來，不要一會兒沮喪、一會兒狂喜，一會兒沮喪、一會兒狂喜，老是去到極端。當然還有呼吸的覺知，無間斷地呼吸覺知。

在初學階段，對冥想的定義是眾所周知的，就是心念集中於單一對象，形成一股心念之流。所以我們要用覺知力，練習心念向內走，意識要向內。要能有效地從事於世間之運作，同時能覺知到內在那靜止的一個點，那就是心念向內，覺知向內。有時侯，會不由自主、自發地進入靜默的境地。

能夠聽見或看見兩千里之外的事物，並不必然表示靈性的進步。能夠超脫了清醒、入夢、深眠的境地，那你的靈性才真是進步了。當靈性進步了，人的身體必然也會發生變化。你的姿勢就不同了，當你直立站著的時候，身體不是僵直的。你站得筆直，然而是放鬆的，沒有出力，是毫不費勁、靜止的，整個身體是平衡的。然後還會發生一件事，你終於發現到你身體用什麼姿勢是最有效力的，這就叫做能控制身印。這些是在生理層次發生的變化。

然後你會經歷到細微身層次所發生的種種不受你控制的變化。到了昆達里尼瑜伽的後期，會有一種功法叫做「齒印」，這需要刻意將上下牙齒邊對邊頂著咬住，不像你牙齒平時咬合時上下並沒有完全對齊。這是「克恰瑞舌印」（khecarī mudrā）密而不傳的部分，因為你已經訓練好身體能不隨著能量而動，但是你沒有注意到訓練下顎不要移動。如果下顎和舌頭動了起來，就浪費了昆達里尼的能量。所以，做「克恰瑞舌印」的其中一部分原因，是要讓舌頭靜止，而做「齒印」的原因是讓下顎靜止。

你的眼神會變得穩定，代表了你靜止的功夫到了什麼地步，這不是說你能保持半小時凝視一苗火焰的那種穩定。你的聲音會起變化。你的面容會起變化，別人會注意到你的臉上浮現出一種我們稱為「騷米亞」（saumya）的特質，那是一種能引起別人的信心，讓人家感到平和以及安心的一種特質。這個特質不是像火，而是有如流水，平順流動的水流，是清涼如月的特質。這些都是靈性進步的特徵。

你越是能將心由感官那兒抽回來，你的感官反而會變得越敏銳，而不是變得麻木。這是由於你能靜止，就不會將能量虛耗在無意識的動作、無意義的縱情、無意義的試驗上，所以在需要用的時候，能有更充沛的能量集中用在感官上。所謂掌握清醒時的境地，就是這個意思。

同樣的原理也可以應用於意識心。通常我們所經驗到的只是心的兩種狀態：散亂和昏沉。這兩者是同時存在的。散亂是完全的分心狀態，一下這個念頭，一下那個感覺。心處於如此散亂無章的狀態，就無法保持警覺。然而，處於散亂、躁動的只是心的一小部分，其餘廣大部分的心是處於昏沉的狀態，無所覺知，不是醒著的——我們都是在昏迷不省人事的狀態中！

你是否已經征服了睡眠狀態，可以從幾個方面來檢驗。你能否做到隨心所欲，要睡時可以即刻入睡，想要醒來的時候就能自動醒來？你在睡眠中的時候，是否覺知自己在睡眠，也就是說你高層次的心能覺知、在見證你在睡眠——這可是非常高的境地！是瑜伽士的睡眠方式。

要怎麼開始訓練自己掌握睡眠？讓我給你一條練習瑜伽的金律。當你在練習體位法的時候，做完左邊，要開始做右邊之前，在這之間你要做什麼？你要先來到中間點！你要先來到中間點才能改變方向。你不先來到中間點怎麼能改變？所以，要從清醒狀態進入睡眠狀態，你就要先去到中間點，你要先進入冥想的狀態，再從那裡進入睡眠狀態。然後，在睡醒的時候，你也不是從睡眠狀態直接進入清醒狀態，因為睡眠時，你是在觀察自己有一部分的心識處於睡眠的休息狀態，所以一旦那個部分休息足夠了，你就進入冥想的狀態。接著再從冥想狀態來到清醒狀態。能夠養成這種習慣，就可以去練瑜伽睡眠法。而你原本認為是瑜伽睡眠法的練習方法，只不過是在為真正的瑜伽睡眠法做準備的功夫。

瑜伽，是一條至精微、至清淨之道。這個道，是在將心念變成一道光束，比最先進、最強大的雷射還要銳利的光束。能做到這個地步，能做到如此的改變，你就能夠完全控制己心的作用，完全控制自己的情緒作用。情緒也是有作用的。我們每個人都帶有某一種特殊的情緒基調，有的人是憤怒，有的人是傷悲，有的人是恐懼，人人不同。靈性進步之人能充分地控制自己心念的作用以及情緒的作用。當他要感受愛，就能感受到愛。

當他要中立，就能進入持中的狀態。

情緒是最容易受控的一種人格現象。心念就比較困難。能完全控制心念作用的人，譬如說當他正在專注解析一段最深奧的哲學文字之時，有人走了進來，迫切需要他的開導，他聆聽來人的傾訴，給予適當的開導讓對方安心之後，對方一走出去，他能立即將對方所談的事情放下，絲毫沒有任何餘念，立即回到原先所專注的事上。這就是靈性的進步！

走上靈性之途有所進展之人，任何時間都不會忘卻自己的目標。即使當他被打斷而有所偏離，仍然知道自己的目標是什麼，會知道，「我現在正暫時偏離了目標，但是只能偏離到某個地步，絕對不會超過。」

還有一點，靈性進步之人絕不會多講一個無用的字。他絕對不會脫口說出任何一句話，除非他先在心中衡量過這句話，調整過這句話，要如何將最大的利益帶給他人。注意，他說話是只為他人的利益而說，而且是以最能讓別人獲益的方式而說。如果你改不了以自我為中心的心態，那就先找出來，那個「自我」是誰。你找到了那個真正的「本我」，才算是真的以自我為中心。當你能真正以那個「我」為中心，你其實是以普世為中心，連你的冥想都不是為自己而做，這就是《瑜伽經》的意旨！

要知道你冥想的功夫到了什麼程度，只有一個體驗是值得去檢驗的，那就是——毫無任何體驗！唯一正確的體驗，是體驗心進入的靜默，體驗心中的波潮止息。如果你見證到自己的心——也就是說你的布提在觀察低層次心的活動狀態——你見證到自心有如一道深邃而平靜流動中的水流，毫無起伏，那麼你的冥想就有進步。

其次，當你坐下來冥想時，需要用多長的時間才能到達那個境地？當你的冥想進步了，你到達那個無所體驗的境地，所需要的時間會越來越短。當你的靈性進步了，每次冥想結束以後，那種心境清明的狀態能維持多久，能否充斥於你的日常活動中？你感官的靜止能維持多久？你身體的穩定能維持多久？由這些情況，你可以知道自己的冥想進步的情形。

穩定，還要再加上放鬆的神經和肌肉系統，才構成了靜止，否則就是僵硬。左右鼻孔交替呼吸法（淨脈呼吸法）的目的是回歸中央，讓左邊和右邊的能量流入中間的脈絡，這不應該改變你雙肩的平衡，也不應該引起你脖子變得傾斜，你只需要用到手臂、手肘，以及手指所形成的手印。

《瑜伽經》第二篇第二十七經提到有七重智慧，它們所帶來終局的結果是七種無明束縛的解脫：

求知（jijñāsā）

想拒斥，想放棄（jihāsā）

求得，求成（prepsā）

想做，想行動（cikīrṣā）

悲傷（śoka）

恐懼（bhaya）

疑，猶豫（vikalpa）

靈性進步了，這七種無明的束縛就會隨之脫落，因此內在就不再有矛盾衝突。這個內在的衝突就是對於我們所選擇的靈性之道的衝突，是一種最細微的衝突。

靈性進步之人有氣魄承擔修行，不會懼怕內在的衝突，因為他的內在不會產生這些衝突，因為他的心已經周遍一切，因為他心知對立的兩邊都是真理。這是靈性上了不起的成就，能跳脫「對立」（dvandva），能吸收似乎是對立的兩股力量成為互補的單一整體，明白到無論是在自然、宇宙、靈性、神中，都只有互補的力量，沒有對立的力量。

當靈性進步了，你心中的視野會擴大，你對時間的觀念會改變。靈性進步之人能活在同時覺知上下五千年的時空中，或者五萬年，乃至長達億萬年循環劫數的時空。因為如此，瑜伽士成為「知三時者」，能洞悉過去、現在、未來，所以今日所發生的事件在他看來只不過是一整串因果鏈條中的一環而已。

靈性生活的準則是，若是無益的語言就免開尊口。你不要為了發抒情緒而叭啦叭啦說個不停。正如你對時間的觀念改變了，你對空間的感受也會改變。瑜伽士能在一剎那間同時覺知到整個世界，那是對一切事件有著「全信息」的觀點。

靈性進步之人的內心沒有矛盾衝突。他的最終目標非常明確，沒有困惑。他的心是清澄的，對心智活動的過程看得非常清楚。常人內心不停地起矛盾，到此都停息了。

如果有人毫無來由地賞你一個耳光，你會有什麼反應？如果你的靈性進步了，你的第一個反應是微笑。那是即時的反應，不是說你要控制自己的憤怒，然後用微笑來取代，而是說你的整個心態都有所轉移了。

欲望的世界充滿了對滿足欲望的期待，但是它絕對不給你滿足。這些有待滿足的欲望不過是一齣喜劇，是一種扭曲，是一種投射，是一種以錯誤的方式來反映出你內在的不滿，亦即神聖的不足感。

所有神祕的傳承都會勸喻人們對世俗的一切要能知足，這也就是《瑜伽經》中屬於尼夜摩戒律的「知足」（santoṣa），但是都鼓勵我們對於神性要有不足感，不要滿於自己靈性的進展。所以，如果你內心深處對自己能保持靜止的程度感到不足的話，那就是一種靈性進步的徵象。

靈性進步還會帶來其他的改變。你對食物的選擇會不同，你會傾向於更具悅性的食物，會傾向於更讓你輕盈的食物。這不光只是成為素食者與否的問題，你對自己所吸收的一切都會改變，除了飲食習慣的改變，你對於顏色和音樂的選擇也會不同。你會開始記靈性的日誌，記下自己日復一日、月復一月、年復一年，在想法上的進退和起落，像是在畫一張心靈的漲跌線圖，然後每隔一段時間你坐下來，回溯其中的變化以及想著如何改進，有如統計學家在計算均值，有如生意人在記帳一般。你的喜好也會改變，對音樂、衣飾、友伴的要求都會改變。

厭惡是最強烈的執著，厭憎（dveṣa）是最強的愛戀（raga）。所以假如你厭惡某人的壞習慣，厭惡某人不好的言語，你對他們懷有恨意，你為此批評他們，你不能容忍與他們為伍，你就是在退步，不是進步。

這有兩個階段，首先你對於自己要和什麼人為伍起了改變，然後你對於自己原本避之唯恐不及的人，開始變得中立。變得中立之後，你回頭去找他們，去激勵他們，提升他們。你過去要迴避他們的經驗，現在轉換成了中立，不再重複過去形成的心印。我一向說，如果你是個守淫戒之人，就會去妓院。假如你是一位聖人，就會去找強盜。這些都是靈性的法則。

還有一個改變是，你會追尋獨寂——是獨寂，不是保持你的隱私。獨寂是來自於內在的充盈，而不是空虛。它不是孤單，不會導致沮喪，不會導致以自我為中心。即使你身處於團體中，也可以營造你自己的獨寂，你成為獨行者。《瑜伽經》說瑜伽的終極目標是kaivalya（獨存），終極的獨寂。這不是說離群索居，而是實證到「本我」（puruṣa），也就是「阿特曼」（ātman）。到這個地步，不僅你早就不再迷認這個血肉之軀為自己，連這個心的作用也放下了，不再把它認為是自己。阿特曼就是獨行者，那就是獨寂，就是獨存。這才是真正的「梵行」（brahmacarya），意思是「行走於梵中」。

當你朝著內在獨寂境地前進時，身體的狀況不再影響到心理的狀況。因此，你對於年齡、疾病、死亡的態度就會不同。身體一定會有生老病死，而阿特曼，你那靈性的本我，不是身體，有這個本我在，能為不斷在腐朽中的身體注入活力。認識了本我，你就可以為自己的身體注入活力，你對老化的看法和恐懼感會因而不同。

當你活在那個中心點，就不會偏袒任何一邊，你能夠手執全體真實，而且能把玩它。在順境中，偉人的心胸如盛開鮮花一般柔軟。在逆境中，他的外表仍然柔若鮮花，然而內在所展示的是不撓的堅韌。能如此，你就能活出《薄伽梵歌》所描述的境界。無論是處於順境還是逆境，在樂中還是苦中，是稱譽還是詆譭，你都能如如不動，保持住你的中心點。

你能征服自己的情緒，就能征服別人的情緒。只要你肯去試，就會開始享受這種征服。那種喜樂比起諸如卡薩諾瓦（Cassanova）[1]所得到的征服感，不知要高出多少倍。

斯瓦米拉瑪有一次在講演中說過：「本能無他，習慣使然。」本能不是別的，不過是多生以來所累積而成的一種習慣！當你開始征服本能，就是在以哺乳類的腦去克服你爬蟲類的腦，以人類的腦去克服哺乳類的腦，然後你人類的腦是被你直覺的心所克服。那麼，本能就再也奈何不了你。

到了圓滿境地之人叫做「金那」（jina），意思是征服者、最勝者。[2]這才是真的征服，征服自己人格中種種劣質的部分。你的人格因而得到提升，能超越男女性別、窮苦富裕、幸與不幸等等的認同感。這並不是說那些特質、事故不再存在於他的記憶中，而是它們不再是引起他做出反應的源頭。

瑜伽士的業力行為既非是在造白業，也不是在造黑業。當行為是發自於中心點——而不是出於心理的設定——是順應情勢所需而有，那你就得自在，不受業力的束縛。隨之而起的是「菩薩誓」，你會到了一個地步，會沒有絲毫為己的念頭，念念都是為了幫眾生除苦厄、消無明。

靈性進步之人會成為整個宇宙世界的母親，他會連睡覺的時間都沒有，因為見到所有眾生在苦難中哀號。那就是菩薩誓。

西方人想要如實了解「希瓦」（śiva）的概念究竟是什麼，我會推薦你去讀一本名為《希瓦所在》（*Presence of Śiva*）[3]的書。你內在的神明就是希瓦，所以說 śivo'ham śivo'ham!（吾即希瓦，吾即希瓦！）[4]

我們都喜歡樂。其實我們對自己的痛，尤其是情緒之痛，也都愛不釋手，放不下。你要跳出自己對苦及樂的癮，因為這兩者其實是同一件事。這不是說要你變得麻木不仁，而是說你要做得了主，要能控制。《薄伽梵歌》說：「於苦樂中，心能等之。」能等而待之，不失中。要能夠深入到表層之下，入到不是生理的覺識之內。

你不能夠真正享受到食物，因為不夠專注。

你養成的心理習慣、你父母對待你的方式，都是一種心理上的設定，也就成為了心理上的阻障，讓你無法提升，無法超越目前的靈性程度。修行者是走在靈性之道上的人，是要綿密地觀照自己，才能慢慢地提升，跳出那些心理的設定。觀光客的疲憊和朝聖者的疲憊有何區別？你要超越目前的人格特質，別人需要的是哪種人，你就成為哪種人。

需要母親之處，你就是人家的母親。需要父親之處，你就是父親。某人在某個特殊的時機需要什麼人，你就是那個人。

患病，其實是一種殊勝的祝福。利用這個時機深入內在，整個患病的期間，你都要待在你內在中心。利用患病的時間讓自己的靈性得到進步。

## 譯註

[1] 卡薩諾瓦：十八世紀義大利的文學家「情聖」，以征服異性聞名。

[2] 此處所謂的「圓滿」應該是佛學中的「波羅蜜多」，到彼岸之意。**Jina** 是「最勝者」，征服一切之人，用來尊稱佛、如來等級的人物。

[3] 作者為 **Stella Kramrisch**，出生於奧地利，是一位藝術史學家。斯瓦米韋達曾經讚譽這本書，說讓他讀之無法釋手。

[4] 這是出自商羯羅大師著名的《自性六頌》（*Ātmaṣatkam*，或稱《涅槃六頌》〔*Nirvāṇaṣatkam*〕），是商羯羅大師以六段頌句來稱頌本我自性。每一段頌句之末都是以「稱 śivo'ham śivo'ham（śiraḥ〔希瓦〕+ **aham**〔我〕= śivo'ham）做為結語，也常用作奉愛瑜伽式的唱頌。

# 第12章

# 自性本來清淨

譯者按，以下是斯瓦米韋達二〇一一年於高雄講演的文字紀錄。

各位晚安！我很高興能來到此地，因為這裡的文化是，從小就教育孩子，安靜是一種美德。你看我們今晚在這裡的孩子們都能如此安靜地坐著。

既然你們從小已經學會了這種美德，我就沒有什麼新的東西好教大家。我能做的，只是在提醒你，你已經知道的東西。世界不停地透過你的感官在吸引你，所以一時間你忘記了自己的自性是佛、是基督。你冥想的時候，其實是在提醒你，自己的那個自性是什麼，而不是在做什麼新鮮的事。當你冥想的時候，是進入自己內在最深處。那並不是你原本沒有，需要別人給你的東西。

你的人格有著許多、許多不同的意識層面。意識的表層是像波濤洶湧的大海，可是當你進入內在的深處，那裡是絕對的平靜。經由冥想，你進入自己內在平靜的深處，那就像是離家之後再回到家。冥想就是回家，回到你內在的自性。你每天花一點時間，坐著放鬆自己的身體，放鬆每一條肌肉，從額頭到腳趾，從腳趾到額頭。感覺一下你是一個神的殿堂，所有的佛和菩薩都住在你裡面。你要學會進去裡面，與他們做心靈的結合。

他們會跟你講話，他們會回答你的問題，但其實是你的自性在回答你的問題。你只需要去學習認識你真正的自性。

我發現，每個人總是喜歡去談自己人生中所遇到的困難，談他們的憤怒、他們的恐懼。為什麼不去談自己有什麼樂趣？例如你們坐在這裡，不會太熱，也不會太冷，一切都剛剛好。那就去享受這段時間。你的孩子愛你，去享受他對你的愛。你的先生或是你的妻子，有時候會對你微笑，就享受那些時刻。你心中起了一個美好的念頭，就學會去製造更多美好的念頭，然後享受它。每當有憤怒的念頭進入你心中，就記得你曾經坐在岸邊，河裡的水在靜靜地流動，去回憶那個時刻。對那條安靜流動河水的回憶，能平撫你的憤怒。當你感到沮喪低落，就去回想你曾經坐在一團熊熊的烈火旁，火焰一直在往上冒。那個回憶會讓你覺得自己有如一團向上升起的烈火。所有能克服你的憤怒和沮喪的工具，都在你的心裡面。這個心可不是別人的心，是你自己的心，你想怎麼做都可以。你不開心時，大可以選擇讓心不要再去想那些不開心的事。

有夫妻兩人來見我。他們之間有很多爭執，希望我能開導他們。我就私下跟先生談。他說：「斯瓦米吉，我那老婆永遠不會改！」我私下跟妻子談。她也說：「斯瓦米吉，我的老公永遠不會改！」我把兩個人一起叫來面前。我問先生：「告訴我，你們倆結婚多少年了？是五年、十年，十二年了？你告訴我，在那十二年中，你妻子有做過任何讓你開心的事嗎，她有帶給你任何樂趣嗎？」「噢，有的，有的，當然有過。」

我再問那位女士：「在你們十二年的婚姻中，先生有為你做過任何甜蜜美好的事嗎？」「有的，有的，當然，有過很多次了。」

於是我叫他們回家去，兩個人分別坐在房中，先把對方曾經為自己做過的美好事情都寫在一張紙上，寫完了之後打電話給我。等他們打電話來說寫好了，我就要他們彼此交換紙條，你所寫的給她，她所寫的給你。這就處理好了。

你的心想做什麼，應該是完全由你做主。你要學會如何把你不快樂、憤怒、恐懼的想法，轉換為美好的心念。你看見什麼醜陋的，就回憶你以前見過什麼美的，所以你對那醜陋的反應就不會那麼強烈。這都取決於你的選擇，選擇讓你的心去做什麼。你的心忘記了它本來具有的力量，你只需要提醒心，它有什麼力量。這要怎麼做？你要每天規律地冥想，用冥想來訓練你的心。你冥想時告訴你的心，「未來幾分鐘之內，我會用我的心來放鬆我的身體。未來幾分鐘之內，我會讓我的心感覺到我在非常輕柔地呼吸。」

隨著輕柔的呼吸，你的心也會變得輕柔。

你只需要去觀察自己均勻流動的呼吸，你的心就會均勻地流動。而且還會發生一件事。目前你讓自己的心被嚴重分割，心的其中一個部分跟另一個部分在鬥。你不知道你的心究竟要什麼，你從來都沒有告訴你的心，你要它做什麼。這一次，你告訴你的心，你要它做什麼。此刻，你的心被分割為好幾百個部分，每一個部分都在跟其他部分爭鬥。前一分鐘你說我喜歡那個人，下一分鐘你說我不喜歡那個人。我喜歡這個顏色。不，我不喜歡這個顏色。你究竟是喜歡那個人，還是不喜歡那個人？你喜歡這個顏色，還是不喜歡這個顏色？所以你要學會一個本事，要讓心不要如此自我分化，不要在裡面不停地自我爭鬥。

科學實驗所做的心電圖和影像掃描告訴我們，在一般人腦中不同部位的運作是各自為政，沒有協調一致，不是一股均勻之流。但是，精於冥想之人的腦中，那些不同部位的運作是協調的，是和諧的。當你在冥想的時候，是帶領腦的各個不同部分，將它們集中成為一條單一之流。這麼一來，慢慢、慢慢、慢慢，原本各個部分習慣彼此衝突的習慣會改變，你整個心只會有一條單一之流，你的內心就不會有這麼多矛盾衝突。你會知道自己該做什麼，而且因為你的心力集中有如一道雷射光束，就能做到你想做的事。

你要記住，當你說：「別人不理我。」那不是真的。當你說：「別人老是會抗拒我。」那也不是真的。如果有人在抗拒你的話，那是因為你心中先起了對他的抗拒感。如果你心中沒有在抗拒他的話，他就不會抗拒你。因為你沒有抗拒感，你說話的方式就會能直接觸及對方的心。你不妨跟家人試試看這個方法靈不靈。你可以把它試用於生意場合。你可以試用於自己的公司中。只要減少你對別人的抗拒感，別人就會照你的意思去做。

所有這些都需要你先教會自己的心做到有如一道平靜的流水。一旦你的心學會了這個本事，你整個人生就會變成一條平靜之流。而此刻你的人生，如果倒向這一邊，你會傷心；倒向另一邊，你會暫時感到快樂。在印度，有的寺院是建在石窟中，中國也有。印度有個「阿旃陀石窟群」（Ajanta Caves），這些石窟是在岩壁上鑿出來的大寺院。阿旃陀的其中一個石窟中，有一尊佛陀的石像，如果光線從左邊照過來的話，佛的面容看起來有少許悲傷。如果光線從右邊照過來的話，佛的面容看起來有少許喜悅。如果從正面看的話，佛的面容看起來是非常寧靜的。那就是我們都要學習的功課，無論你從哪一邊來看，從左邊，右邊，還是中間，你要學會持中。

大約一個半月、兩個月之前，我在我們位於印度瑞斯凱詩（Rishikesh）的學院中授課。我教的是一部非常特別的梵文古籍，叫做《希瓦經》（*Śiva Sūtras*）。我先打一個岔，也許你們知道，例如你們唸的咒語中，「唵—南無」（om namo）就是梵文。但是你們不知道它是什麼意思。「唵」（om）這個字，很多佛教咒語的一開頭就用到，例如「唵嘛尼叭咪吽」（om maṇi padme hūṃ）。這個「om」是由三個音所構成：阿（A）—烏（U）—嘛（M），表徵信徒自己的「心、語、身」與佛陀的「心、語、身」合一。表徵信徒的意識和佛陀的三身：法身（dharma-kāya）、報身（sambhoga-kāya）、化身（nirmāṇa-kāya），結合為一。「om」這個字，因此能將你和所有的菩薩合一。如果你能夠和菩薩合一的話，就沒有缺失，就已經成就了所有的「波羅蜜多」（pāramitā）。你一切都圓滿了，你自己就是菩薩了。你該去學如何讓自己成為一位菩薩。不要只會去拜菩薩，要成為菩薩！行為要像菩薩。

就算你這一生不能成為菩薩，還是可以從現在開始，終有一生你會成為菩薩。例如，公司裡有一個難纏的人，你就在心中想：「菩薩會怎麼做？」每當我在學院中遇到困難，我會問自己：「我的上師會怎麼做？」我就開始冥想，把心先靜下來。然後，我問：「我的上師處於這個狀況中的話，他會怎麼做？」同樣地，你在家中，在你的生意中，與人不合的時候，先用幾分鐘冥想把心靜下來，在心最靜的時候問：「菩薩會怎麼做？」你不妨試試這個法子，能如此，你就是在開始把自己變成菩薩。

講回到我兩個月前在教的那部古籍，裡面有一段非常美麗的片語，我會教你們學著誦念。它是用梵文書寫的。佛經的原文很多是梵文，後來由鳩摩羅什、玄奘、義淨等大師翻譯成中文。那一段片語只有三個字，請大家跟我一起唸：

smera

smera

stimita

連起來唸：

smera—smera—stimita

這個片語的音調非常美。「smera—smera」的意思是：「微笑—微笑」。「stimita」的意思是：「安祥靜止」。這就像是耶穌的面容，像是佛陀的面容，微笑，微笑，安祥靜止。當你不開心的時候，就記住這個片語：

smera—smera—stimita

微笑—微笑—安祥靜止

記住，把這個變成你的狀態，不是嘴唇的狀態，而是心的狀態。你的心在微笑，你的心在微笑，你的心是安祥靜止的。你的心沒有分割對立，心所有的部分匯合流動，有如一道寧靜的水流。有如觀自在菩薩的面容，有如觀音的面容。不要只會去拜觀音，要跟她一樣，因為她就在你裡面。你看不見她在你裡面，所以你在外面造像然後去拜。要在心裡面拜她。當你能在自心中拜她，有一天世人會認為你就是觀音。

我今天再教大家幾個梵文的片語。你的自性是什麼？你的自性就是——

你們跟我唸：

nitya

śuddha

buddha

mukta

svabhāva

現在連起來唸：

nitya—śuddha—buddha—mukta—svabhāva

nitya śuddha（本來清淨）

nitya buddha（本來智覺）

nitya mukta（本來解脫）

svabhāva（自性如此）

自性本來清淨、本來智覺、本來解脫。

希望你們能記住這些片語，經常誦唸。每當你心情沮喪，不開心的時候，就唸：smera—smera—stimita。每當你對自己不滿意的時候，就唸 nitya—śuddha—buddha—mukta—svabhāva。我的自性本來清淨、本來智覺、本來解脫。你就會變得如此。慢慢、慢慢、慢慢地改變，五年之後，人家會說你變得不同了。

我們自己往往不會知道心靈的進步。不要老是去問：「我有沒有進步，我有沒有進步？」有時候有人來問我，譬如上年紀的女士來問我：「斯瓦米吉，我的冥想有沒有進步？」我說：「我不知道，去問你的兒媳婦。她會告訴你，你的心靈有沒有進步。」所以別人會知道你內在有沒有改變。

在印度，我們有許多心靈的傳承。你們知道關於佛陀的傳承，但是還有吠陀的傳承，早了佛陀兩千五百年。所有這些傳承中，都有像剛才我引用的這些經典的片語，可以用來唱誦、深思、體認。例如，你們都會唸誦《心經》，裡面說：「色即是空，空即是色。」（yad rūpaṃ sā śūnyatā, yā śūnyatā tad rūpaṃ.）但你們都只是唸它，卻不把它應用在你的心上面。你們不去冥思這個道理。你們沒有實證到自己的空性。

剛才我帶大家靜坐時，我要大家用「唵－南無」這幾個字。不過，還有其他許多的字詞是你們可以使用的，還有很多其他的咒語可以用來冥想。有從我們這兒領到咒語的人，可以用自己的個人咒語。如果你沒有領過個人咒語，可以用任何其他簡短的片語，像是「唵－南無」、「搜－瀚－」（so—ham）等等。但是，你一定要一直用同一個片語，選定了就不要改變。不要不停地換咒語，否則你的心就老是在變，就沒辦法定下來。

在你還沒有領到個人咒語之前，你所選的簡短片語，最好要能夠跟你的呼吸一起流動。為了要練習呼吸的覺知，你一定要用一個短的咒語，是要能隨著呼吸一起流動的。如果你用觀音的咒語，這在印度被稱為 tārā 咒語：

om tare tuttāre ture svāhā

因為它太長了，就很難跟呼吸配合起來。但是同一個咒語還有短咒，就可以用來做呼吸覺知的冥想。又例如你們都知道的《心經》的咒語：

揭諦　揭諦　波羅揭諦　波羅僧揭諦　菩提　娑婆訶

（gate gate pāragate pāra-saṃgate bodhi svāhā）

它也很長，就不適合用來做呼吸覺知冥想。

除此之外，你們用今天的漢語發音來唸這個咒語的話，就走音了。容我糾正你們的發音，請大家跟我一起唸：

gate gate（原漢語：揭諦揭諦）
pāragate（原漢語：波羅揭諦）
pāra-saṃgate（原漢語：波羅僧揭諦）
bodhi svāhā（原漢語：菩提娑婆訶）

再一次：

gate gate
pāragate
pāra-saṃgate
bodhi svāhā

這是《心經》咒語正確的梵文發音。但是，為了練呼吸覺知，你需要短咒。那些短咒，只有冥想的大師才知道。例如「唵—南無」，非常短。又例如，「搜—瀚—」，用這些咒語的其中一個目的是，提醒你，你的本來自性，你的佛性。而與你關係密切的感官感受，都不過是空。

（譯者按，斯瓦米韋達曾經在別的地方提過，
om tare tuttāre ture svāhā 的短咒是在心中默念一字：tare。
gate gate pāragate pāra-saṃgate bodhi svāhā 的短咒是：bodhi svāhā。

請參閱本書第15章。）

不論你坐在哪裡，在開車，站在街邊，在等人時，坐在診所裡，坐在火車或飛機上的時候，你的心在做什麼？我見到有的人坐著時腿不停地抖，或者東張西望，有什麼好看的呢？他說自己覺得無聊。現在的人覺得無聊要打發時間，會掏出手機看電影。你們有時間去看影片，就沒有時間去冥想五分鐘！我要你們答應我一件事。你可以盡量去看手機上的影片，但是在看之前先冥想五分鐘，看完影片也冥想五分鐘。我不是說不可以去看手機上的影片，去看！可以嗎？我大老遠從印度來到此地，你們不可以給我面子嗎？你們怎麼說，答應嗎？YES？好極了。

所以，你們可以盡情去看影片，但是在看之前用五分鐘做這個——就放鬆，感覺自己的呼吸，加上咒語，靜下來。然後，在看完影片之後做一個清洗，把那些暴力和刺激清洗掉，就要再做五分鐘的冥想。每天每一次在手機上看影片，都要如此做。一年之後，你的朋友會說，你成為一個很平靜的人。

讓我告訴你一件事，當你在平靜的心態中去要求別人做什麼事的時候，你的音調就會是平靜的。當你用那種平靜的心、平靜的音調說話時，你公司裡或是生意上的下屬，就不會起抗拒的心理，你要他們做什麼，他們都會願意做。你不妨試試。這法子對你的子女也管用，對你的先生、妻子都管用。

所以我希望大家學會「重新」發現你內在純淨的自性。還記得那個片語嗎？

自性本來清淨，本來智覺，本來解脫。

（nitya—śuddha—buddha—mukta—svabhāva）

有時候，人們生病了躺在床上，他們在很大的苦痛中，嘴裡不停地說：「我病了，我很痛。我病了，我很痛……」像是在持咒一樣。與其一直在持這個咒：「我病了，我很痛。」不如去持這個咒：「我的心不在痛中，我的心在平靜中。」不要把身體的狀態，變成心理的狀態。記住這句話，我再重複一次：不要把身體的狀態，變成心理的狀態。還有，不要把外在的情況，變成你內在的情況。好嗎？那麼，你就會成為世人的嚮導。

當然這會需要時間，它不會在人生一世中發生。你要發願做一個有成就的人。有人問我：「斯瓦米吉，對你個人而言，什麼才是你理想的成就？」你們想不想知道，在我的觀念中，什麼才是我理想的成就？那就是，當我死的時候，我會是個比出生時更好的人。也許我不會成為佛，但是當我死的時候，我至少要知道，自己比生下來時的那個我，是個更好的人。我告訴你，當你發願走上那條成就之旅時，其他的成就會自然來到。

我知道你們有很多問題想問，就把時間留給大家發問。

**問：您說，不要問自己有沒有進步，是什麼意思？**

當我說，不要問自己有沒有進步，我的意思不是說你不要求進步。我的意思是，你有沒有進步，別人自然會告訴你。你應該要問的是：「我有沒有把事給做對、做好？」那才是你應該常常自問的問題。若是有一個憤怒的人來到我面前，我用憤怒來回敬他，那顯然我沒有進步。一個憤怒的人來到我面前，若是他離去時能面帶著微笑，那我知道自己有進步。

見到一名憤怒的人來到面前，你對自己說：「他是遭到什麼樣的痛，他是受到什麼樣的苦？」你要認出他的痛苦，去處理他的痛苦，為他除去痛苦，他離去時就會帶著微笑。否則，你就和其他人一樣，總是在世間播毒。

所以你要捫心自問：「我有沒有把事給做對，我有沒有把事給做好？我有沒有以和善來回應不和善之人？」能如此反省，那就是心靈進步的跡象。有時候你跟一群人一起靜坐，如果你想，「旁邊那個人冥想的功夫比我好嗎？」那你就不是在冥想。「我冥想比昨天進步了嗎？」那你也不是在冥想。這就是我說的不要老是問自己有沒有進步。在什麼時刻，你該是什麼，就是什麼；你該想什麼，就想什麼；你該有什麼樣子，就以那個樣子去作為。

**問：我想教自己的孩子靜坐冥想，可是孩子老是會睡著，該怎麼教？**

我該如何教孩子冥想？首先，不要去教孩子，先要教你自己。要是我教孩子冥想的話，我就只把孩子抱起放在我的腿上，然後這樣子用披肩將孩子跟我裹在一起。靜下來，輕柔地呼吸，好像我是在用我的身體，以及用孩子的身體在呼吸。孩子感受到了，就會進入冥想的狀態。你不能採用課堂教學的方式，去教孩子如何冥想。

什麼才是教孩子冥想的時機？你懷孕的時候，就要開始教孩子冥想，那才是教孩子冥想的時機。不論你有什麼樣的心識狀態，你肚子裡面的孩子就會感受到那個狀態。如果在你懷孕的期間，你的心是處於安靜冥想的狀態，孩子生下來就會有那種安靜冥想的狀態。

第二個教孩子冥想的時機，是母親在授乳的時候，母親要保持平靜。授乳的時候要觀察你的呼吸，憶持你的咒語。孩子得到的是冥想的狀態，而不是冥想的技巧。我們要給孩子的是冥想的狀態，不是冥想的技巧。另一個教孩子冥想狀態的時機，是在孩子入睡的時候。如果你教孩子做放鬆練習時他睡著了，是非常好的。因為某些冥想的元素，會進入他的睡眠中。

我出家成為僧人之前，是個有家室的人。我在美國養大四名子女。我教他們每一個學會了冥想，所以我是經驗之談。有時候，我在外面教了一整天課之後回家，已經到了孩子上床的時間。孩子們說：「跟我們講個故事，講個故事！」我說我實在很累了。所以孩子說：「好，那就讓我們做放鬆。」所以我就帶他們放鬆：放鬆額頭，放鬆眉頭，放鬆眼睛，放鬆鼻孔……。當我帶他們放鬆到膝蓋時，他們已經睡著了。他們睡得非常香，是帶著平靜的心入睡，而不是帶著紛擾的心入睡。

這一切，你需要先教會自己。如果你大聲對孩子說：「放鬆你的額頭！」只會令他更緊張，乃至哭出來。你必須要知道，當你自己先能放鬆，才對孩子說：「放鬆你的額頭。」孩子自然會放鬆。

**問：在瑜伽傳統的觀念中，有沒有一個所謂的上帝或者說「創造者」？**

我們瑜伽的傳統是，聽任你們追隨自己的信仰，而不是將信仰灌輸給你們。你們想要知道是否有一位上帝創造者？不要問我，自己去找答案。在你的冥想中，有一天，你會找到答案。

而當你找到答案時，你同時會發現另一件事——那就是，你原本對於上帝的觀念，不論你讀過的書是怎麼形容上帝的，不論傳教士告訴你上帝是如何的，不論學者寫過多少關於上帝的論述，當你自己經驗到上帝，就會知道，上帝完全不是他們說的樣子。你會問：「斯瓦米吉，那祂究竟是什麼樣的？」你想知道答案嗎？答案就是這個——（斯瓦米韋達閉眼坐著一段時間）。這就是答案。你會自己找到。去追尋那個靜默，答案就在其中，那是你個人所經驗到的。

**問：我很喜歡做哈達瑜伽，如何將冥想帶入哈達瑜伽呢？還有，如何運用短的咒語配合呼吸呢？**

我希望，我那本《哈達瑜伽》能被翻譯成中文（編註：已由橡實文化出版），你讀了才能完全了解這個問題的答案。你提出的是一個很大的題目，這裡我只能非常簡單說一下。

「哈達」（haṭha）這個字是什麼意思？「哈」是右鼻孔的呼吸，「達」是左鼻孔的呼吸。「哈」是陽，「達」是陰。「哈」是日之力，「達」是月之力。「瑜伽」這個字的意思是結合，是結合「哈」之力和「達」之力，讓日和月合併，將雌和雄合併，將陰和陽合併，那就是「哈達瑜伽」的意義。

今天哈達瑜伽的教學，完全變成了一種體操運動，是非常不完整的哈達瑜伽。哈達瑜伽始於呼吸，也終於呼吸。每個動作都要配合呼吸覺知，每個哈達體位法的動作都要帶著呼吸覺知。做的時候，呼吸的流動要平順，而且要覺知呼吸的流動。因為能帶著如此的覺知去做，所以哈達瑜伽就變成了冥想。哈達瑜伽和冥想，這兩者是不可分的。

至於你問要如何運用短咒在呼吸中。當你在感覺呼吸之流的時候，同時在心中想著咒語，就像我們一個小時前帶大家練習的方式。我們結束前會用兩分鐘再做一次。用於冥想的咒語，不是用口誦唸的，舌頭不要動。它純粹是一種心念之流，念頭和呼吸一起流動。同一個念頭，重複、重複、再重複。我會帶你們再做一次。

**問：我們是否必須要有老師？我們怎麼知道他是跟我相應的老師？要怎麼準備自己才能找到老師？**

我學化學是否需要有一位老師來教我？我是否需要有一位老師來教我解剖學？我是否需要有一位老師來教我動外科手術？我是否能靠自己讀幾本書，然後就能幫人開刀？目前大家對待瑜伽的方式就是如此。老師是有經驗的過來人。他受過訓練，他知道有哪些微妙之處。假如我讀了一本書就去化學實驗室開始實驗，說不定我會把整個實驗室給炸掉。

至於我怎麼知道自己跟這個老師相應？你裡面有某個東西會告訴你，然後你就不會再懷疑。瑜伽是一門巨大的學問，它有許許多多的分枝。不是每位老師都知道瑜伽所有的法門。只有最偉大的、真正的大師，才知道瑜伽所有的法門。每個人都有自己獨特的根性，某位老師擅長的某一類瑜伽法門，可能適合你的根性，也可能不適合你的根性。假如你個人所適合的冥想專注法，是專注在光上面。那麼擅長專注於音聲冥想的老師，就可能不適合來指導你。如果你適合走專注於音聲的法門，那麼沒有練過這個法門的老師就可能不適合來指導你。總之，你自己的內在會告訴你，然後你就能跟老師相應。

我們要如何準備自己以迎接老師的到來？答案是：自我淨化，也就是我今天所講的一切。你要去讀那些偉大的老師所寫的書，例如我的老師斯瓦米拉瑪大師的書，就提到他如何準備自己。我們先開始準備自己，從淨化自己做起。少一點憤怒心，少一點較勁心，少一點自私心，少一點嫉妒心。多一點自律，多一點：smera—smera—stimita，多一點：微笑—微笑—安祥靜止。這些辦法要背起來很容易，但是遇到事情能記起來就很難。你要能記住它們！

好的，讓我們做個五分鐘的冥想，這會示範如何使用咒語。已經有個人咒語的人，就用自己的咒語，沒有個人咒語的人就用「搜—瀚—」或者先前我教大家用的「唵—南無」。你用哪一個咒語都行，但是你一定要用同一個咒語，你的心才能學會專注。

（開始導引冥想。）

把你的注意力帶到自己這邊來，
放鬆你的額頭，
放鬆你的肩膀，
放鬆你整個身體，
你的心保持放鬆的同時，
把你的注意力，放在你的呼吸上，
就只觀察你的呼吸如何流動，
只是去觀察你的呼吸，
呼吸就會變慢，
感覺呼吸在鼻孔中的流動和接觸，
保持呼吸輕柔、緩慢、平順，

呼與吸之間沒有停頓，
呼氣的時候，
心中默想著
唵—南無
吸氣的時候，
心中默想著
唵—南無
呼與吸之間沒有停頓，
咒語和咒語的念頭之間也沒有停頓，
保持這樣流動，沒有停頓，
不要打斷這樣流動的感覺，
輕輕睜開你的眼睛。

願所有的神祝福大家。

# 第13章

# 菩薩道——我是誰

譯者按，以下是斯瓦米韋達於二〇一一年於臺北的一場以「菩薩道」為題的講演紀錄。在講演中，他提出了人生終極的問題：「我是誰」。其後，在印度的學院中，他曾經以此為題做了一次短暫的講話，這次的紀錄也附在本文之後。

你們很多人帶著問題來到此地，例如關於人生的問題、個人的問題和困難、為何別人會排斥你等等。我無法在一個小時內回答五百個問題，所以我們該怎麼辦？你只要在心中問自己一個問題，那個問題的答案可以回答你所有的問題。那個問題，每個孩子一定都問過，在孩提時代某個階段都會問這個問題。你也問過。那也是世界上所有哲學家都問過的問題，他們也寫過成篇累牘的著述來回答那個問題。在中國的禪宗公案，有一千七百個問題讓弟子去參，其中第一個問題，就是我要為你們提出來的。這也是印度所有瑜伽大師要弟子們去問的問題。所以你們現在要問我的問題是，究竟是哪個問題？你們說呢？

那個問題就是：「我是誰，我是什麼？」

只要問那個問題，找到那個問題的答案，所有其他的問題就都得到解答。

那我該如何發現「我是誰，我是什麼」？由這個問題所引起的第二個問題是：告訴我，是誰在問那個問題？是你的嘴唇舌頭在發問？是你的喉頭在發問？當你說「我是誰」時，嘴裡面吐氣，是呼吸在發問嗎？究竟是誰在發問？是你的腦在發問？那個問題是怎麼忽然在你腦中生起？根據腦神經學的大腦分布圖，顯示出大腦有幾百個功能區域。究竟是大腦中哪個部分在發問？是否大腦中所有的部分聚起來開會，然後決議：讓我們來問這個問題。

我們可以整個晚上來回答這個問題而時間都不夠用。

所以你只要去問：「我是誰？」然後問：「是誰在發問？」第二個問題的答案，就是第一個問題的答案。為了要找到那個問題的答案，所以我們去冥想。

你說，我緊張，我有壓力。誰有壓力？是你的肌肉、你的呼吸、你的大腦？這個問題是從你裡面什麼地方生出來的？如果你能找到這個答案，就可以回答世上每一個問題，以及回答所有其他問題。所以現在讓我們用兩分鐘來試試看，一分鐘也行。就閉上眼睛，讓你的身和心都放鬆下來，讓問題在你心中生起：「我是誰？我是什麼？」眼睛繼續閉著，去找找看，是從你內在什麼地方生出這個問題的？

（約一分鐘後。）

請張開你的眼睛，也許你並沒有準確地找到問題的答案所在的那個地方，但是你找到了一個區域，那是你可以開始探索的所在。與其把人送上月球，不如送心念去你的內在。探索太空固然好，是一個好的探險之舉，但是探索你內心世界的空間，則是一樁更偉大的探險壯舉。在從事那個探索過程中的每一步，都有一個美麗的驚喜。

你今晚回家後，可以開始寫你的心靈遊記。開始記心靈日記，就由這個問題開始。你要寫下來，當你進入內在半分鐘，試著回答這個問題時，你得到的是什麼樣的感覺。那個感覺還不是答案，但那是一個起頭，是那個巨大探索之舉的開端。我可以對你保證，無數的瑜伽大師及冥想大師，都是由於問這個問題而開悟。

當你開始探索內在巨大的空間時，就像一艘太空船經過許多、許多太陽和行星，你會經歷到深度，更深的深度。你會發現自己內在許多能量複雜的框架和脈絡。那是 **prāṇa**，就是能量，你們稱為「氣」。大家都談它，但它是什麼樣子？當你的能量醒來時是一種什麼感覺？那個能量醒來時，你內在起了什麼變化？試著去探索，然後你會發現有一層能量叫做「心」，每個人都談論心，但是沒人見過心。如果我要你形容心，你會答不上來。因為，心，是一種非常特別的能量場，它抽取了「靈」的能量，再將能量轉化成氣。

請你務必要明白，所謂靈的能量，就是那「覺性」的能量。覺性像太陽一樣，將自己的光明傳送到心。心也是一種能量的場。那個叫做心的能量場，就是心地，如果它是純淨清明的話，那麼傳遞到氣的能量，就會是純淨清明而強烈的。所以從靈抽取來的能量，進入了心，那裡有如非常清澄美麗的天空。然後你再從那裡把能量帶入prāṇa（氣）。不過這個傳遞能量的過程，要大師才用得上。還沒有成為大師，還是弟子的人，用起來就得逆著運行。他們得先試著喚醒自己的氣，再試著從氣進入心，然後試著從那個心去到靈。

在印度和中國，這種學問早就流傳了千百年之久。但是，如今世界上大多數人都忘了這套學問，他們一想到能量，所想到的只是電能、磁能和原子能。那些是外在的能量形式。內在形式的能量就是我此處為你所描述的，也就是你那堂堂的生命力。

所以從今天開始去做那個探索，由呼吸，開啟進入氣之途。由氣，開啟進入心之途。

由心，開啟進入靈之途。那你就能學會如何抽取靈的能量入心，再將心的能量注入氣。你的呼吸就會變得平順柔和，你的心念之流也會隨之變得平和。你用這樣的呼吸和氣，除了可以為自己的身體充電之外，還可以治療身體。

但是，我們要問，你為什麼要治療你的身體？你想長壽的目的何在？你活那麼長該怎麼打發呢？是因為你可以百般無聊多看些電視嗎？有些人把這些當作人生目的。當你九十五歲時還要繼續玩電玩嗎？你那麼長壽要怎麼打發？

這個身體唯一值得追尋的目的就只有一個，就是：成為一位菩薩。我不是說每個星期去廟裡焚香拜神，然後回家玩電玩。我還真不知道菩薩對電玩會有什麼看法，你有沒有給他們看過？他們會怎麼說？菩薩可能會問：「你能從這玩意兒得到什麼？你能從這玩意兒得到什麼長久的滿足感？」菩薩會說：「你來拜我們是因為你敬愛我們，那你為什麼不乾脆成為我們？」印度和中國都有這個說法：人人都是未來的菩薩。

觀音就在你裡面。在印度，我們稱觀音為「塔拉母親」（Mother Tārā）。有一個梵文咒語，你們知道也常常誦唸的：

tāre tutāre ture svāhā

（塔瑞　圖塔瑞　圖瑞　斯瓦哈）

那個「塔瑞」（tāre），是「塔拉」的呼格（在呼喚「塔拉」）。「塔拉」就是印度話語中的觀音，意思是「帶我們渡過海洋的那位神聖母親」。哪個海洋？是悲海，是苦海，是這個塵世的幻海。因為她能帶我們渡過海洋，所以成為海員們的保護神。而其實我們都是海員。我們的船就是這個身體，身體這艘船是靠著風（呼吸之風）來航行。那就是「塔拉」的意思，也就是觀音。

你們內在都有一位塔拉，都有一位觀音。當你開始去找「我是誰」這一個問題的答案，你會在自己內在遇見她。終於有朝一日，也許在幾百年後，世人會來禮拜你，因為你成了菩薩。但是，你可不要為了讓人家來崇拜你，才發心要成為菩薩，那你可永遠不會成為菩薩。要成為菩薩，得先放下所有的我慢，必須要讓自己渺小，要讓自己謙遜，要讓自己變得非常非常親和，必須學習說話的藝術，直到沒有人會當面對你們說「不」。這就是一位菩薩所具有的特質。

菩薩不是在那兒等你去上香。你去上香，因為那是你跟他們連結的方式，把你的覺性連結上菩薩的覺性，你去拜是在問菩薩：「請告訴我，如何才能成為您？」所有的願力之中，沒有比發願成為菩薩更崇高的了。

你之所以要長壽，是為了要實現這個願力。不是為了你活到一百零五歲還可以玩電玩。到了你一百零五歲的時候，市面上會有比今天更多、更好玩的電玩。但是那些能給你永恆的滿足感嗎？因此，你儘管去享受這個世界，去盡你在世間的責任，但同時，每天抽出一些時間來追尋那真正的目的，那個目的也就是去回答那個問題：「我是誰？我是什麼？是誰在問這個問題？」那個目的也就是：我要怎麼才能成為菩薩？

可是如果你以為一旦成了菩薩，所有煩惱都解決了——我告訴你，沒這回事！菩薩就沒有煩惱了嗎？你知道他們的煩惱是什麼嗎？我們就是他們的煩惱！三千大千世界中數不盡的所有眾生，都活在無明中。由於無明，所以才陷溺於苦厄中。菩薩得渡盡我們全體！你家中有一個孩子，你為那一個孩子要操多少心？要教育他，他病了要照顧他，他餓了要餵他吃，他哭了要擦乾他的眼淚。菩薩們有多少在哭泣的兒女？我們這個大廳中只是一群小眾。一旦你成了菩薩，煩惱才剛開始。

不過，菩薩有的是能耐。母親有能耐為孩子擦乾眼淚，宇宙間的佛、基督、菩薩就有那個能耐為我們擦乾眼淚。那就是為什麼我們會去禮拜他們。你們知道菩薩的誓願嗎？當他們發願要在某一世要成為菩薩，就是發下菩薩誓：

我將無畏艱難，
我將永不退卻，
我將不棄此道，
直到所有三千大千世界無盡眾生，都能得渡，脫離無明苦厄，
在此之前，我誓不入涅槃。

那就是菩薩誓。用瑜伽的語言，我們稱他們是「即生解脫者」（jīvanmukta），意思是，不捨肉身而得解脫，不斷地回到塵世來渡我們。我們該如何回報他們？要學習如何回報那些菩薩，要學習回報那些瑜伽大師們。可是你們目前的心願是，想買那輛大車，想換更大的公寓，想在目前的職場得到升遷，想讓你的生意賺更多的錢。如果你身為婆

婆的話，你的心願是有位聽話的媳婦。如果你身為人媳的話，你會祈禱有位體貼的婆婆。你們目前的心願都太小了。

你有什麼煩惱嗎？我在一本書中寫道：「如果你想解決一個小問題的話，就去製造一個更大的問題，那個小問題就會消失在大問題中。」如此，你濟世的能耐會成長。靜坐冥想能提升你的能耐，因為靈會把覺性的能量傳送到心，心會轉而把能量傳送到氣，那就會給你的身體和情緒帶來力量，所以你的情緒就不會那麼容易被干擾。

如果你想解決自己情緒干擾的小問題，就要學會讓自己的呼吸平和。呼吸能平和，你才能去探索內在能量的世界，探索分布在內在的能量中心。當你開始探索自己是誰，會發現自己其實是一個能量的體系。在那個總的能量體系中，又分布著小的能量體系。就像是牆壁裡管道中所流動的單一電流。那道電流有何作用？你要冷卻食物，就把冰箱接上電。你要為房間加溫，就把暖風空調接上電。你要吹風，就把電扇接上電。同一股能量，能夠冷卻。同一股能量，能夠加溫。同一股能量，能夠驅動電扇來吹風。同一股能量，能用於電視或任何其他機器，以及你的電腦。

同樣地，有一股覺性的能量之流在你裡面流動，從脊柱的底端，到頭顱的頂端。在瑜伽，我們稱之為「昆達里尼」（kuṇḍalinī）。它就像一道非常強烈有力、垂直的閃電能。那道閃電中，藏有你無法想像出來的色彩。那道閃電中，藏有你無法想像出來的音樂音符。那道閃電中，藏著所有的咒語。那道閃電，將你連結上所有的菩薩。你裡面那道閃電，將你連結上所有的佛。如果你信耶穌，那道閃電會將你連結上耶穌基督。那道閃電，連結著身心所有的工具。

瑜伽稱為「根底輪」（mūlādhāra-cakra，也譯為「海底輪」）的脈輪，位於脊柱底部，我們坐在其上。它有獨特的作用，能帶給我們穩定。坐的時候，身體會動個不停的人，以及老是要換工作的人，他們無法安定於一事一處，是因為他們還沒有能喚醒根底輪的能量。喚醒那裡的能量，人就能定下來。

在你生殖器官位置的是「自住輪」（svādhiṣṭhāna-cakra，也譯為「生殖輪」），那個位置與創造有關。你在那個位置能造出孩子。若你能掌控那裡的能量，你會自然成為無慾之人，你不會將那裡的能量向外丟失，而是能收攝那裡的能量提升成為智慧的能量。那就是為什麼所有宗教的出家人、尼姑，以及斯瓦米，都要誓守淫戒的緣故。可惜他們大多數人沒有學過該如何將那性的能量吸收向內提升到智慧之中心。

再來是肚臍位置的「寶城輪」（maṇipūra-cakra，也譯為「臍輪」）。中國、韓國、日本的武術大師們教人要意守這個位置，這個位置匯集了底下三個脈輪的能量，可以幫助我們使用那個能量去從事活動。這個臍輪是「氣」能量的中心，它將粗重食物轉化成氣能量。

接著是連結著那道閃電，位於心窩位置的心理和生理機器，叫做「無擊輪」（anāhata-cakra，也譯為「心輪」），一般人在這裡感覺到各種各樣的情緒。對於走上了向內探索之途的人，不會被這些情緒干擾所苦，因為他能將心輪的能量反轉向內、向上，他的情緒因而能穩定。同樣的事，同樣的情況，你遇到了會有緊張的反應，瑜伽大師遇到了反而會放鬆。考驗就在此處！同樣的情況，你遇到了會發怒。同樣的情況，瑜伽大師的反應是微笑。所以憤怒的人遇到他，離去時會面帶微笑。你想不想有這種本事？沒有人能激怒你，憤怒的人來到你身邊，離去時會面帶微笑。大家祈求各種各樣的能力，但是偏偏不求這種能力！當這個叫做心輪的覺性中心打開了，你就會有那個能力——任何人來到你面前都會感受到愛。

再來是喉部的覺性中心。在瑜伽的語言，梵文叫做「淨輪」（viśuddha-cakra，也譯為「喉輪」）。這是創造力的中心，是言語中心、音樂中心、藝術中心。大家只會把這裡的能量用來叭啦、叭啦、叭啦講個不停，不懂得將這個能量向內轉，用在創造力上。

根底輪是「地大」元素的中心。第二個脈輪生殖輪是「水大」元素的中心。第三個脈輪在肚臍中心，是「火大」元素的中心。心輪，第四個脈輪，是「風大」元素的中心。在喉部中心的喉輪是「空大」（ākāśa）元素的中心。

然後是位於雙眉之間的中心，這是第六個脈輪，叫做「少智輪」（ajñā cakra，也譯為「眉心輪」）。有時你見到敦煌或是廟宇古老的畫像中，天女等人物在這兒有一個點。印度的已婚婦人會在這裡貼一個點。有時候，你拜神後會在這裡點一個點。我為人祝福時，會沾一滴蓮花精油點在這裡。這裡是光的中心、智慧的中心、智慧之光，是進去裡面的門戶——你可以經由任何一個脈輪進入內在。要意守這些脈輪中心，是有些特殊方法的。

最後頭頂上是「千瓣蓮花輪」（sahasrāra，也譯為「頂輪」）。我們稱頭頂這個位置為「凱拉夏」（Kailāśa，岡仁波齊峰）。你們知道位於西藏的岡仁波齊峰嗎？那是希瓦（Śiva，舊譯「濕婆」）的神山，也是佛陀的神山，是很多佛教徒朝聖的所在，印度教徒也去那裡朝聖。那個岡仁波齊峰也在這裡（頭顱裡面），就在你裡面。世上所有的聖地都是你內在聖殿的投射。當內住的神明在外面示現時，我們就為他們興建寺廟。

當你學會把自己的呼吸之流變得平順柔和，就會發現住在這些覺性中心的是何種能量，你也會證悟到你的真實本性。

有某些特別的咒語是用來幫我們證悟這些真理的。我今天要教你們兩個咒語，這些都是梵文的咒語。鳩摩羅什、玄奘、義淨等大師把這些咒語從印度帶來中國，並且把它們翻成中文。但如今大家已經把原音給忘記了，所以我要把梵文原音的咒語介紹給大家。第一個咒語——我先講它的意思：

一切法的自性本來都是清淨的，
我的自性也是本來清淨的。

我現在教你們讀誦，你其後可以聽錄音來記憶、誦唸。

第一個咒語的每一個字是：

svabhāva（自性）
śūnyāḥ（空）
sarva（一切）
dharmaḥ（法）
svabhāva（自性）
śuddho（清淨）
aham（我）

整句是：

svabhāva śūnyāḥ sarva dharmāḥ svabhāva śuddho'ham

（諸法清淨空無自性，我的自性清淨亦空。）

第二個咒語的意思是：

我的自性如鑽石般光明、堅實，一切法的空性知識在其中。

所以你要知道你的真實本性，就記住這個咒語。

第二個咒語的每一個字是：

śūnyatā（空性）

jñāna（知）

vajra（金剛鑽）

svabhāva（自性）

ātmako（自己何）

aham（我）

現在我為大家誦唸整句：

śūnyatā jñāna vajra svabhāvātmako'ham

（我的自性猶如潔淨堅實的鑽石，其乃知一切空性之鑽石，我就是那個。）

當我們用梵文問「我是誰」那個問題時，我們說：ko'ham。答案是：so'ham，意思是「我是那個」。就是我們剛才描述的那個。ko'ham是問題，so'ham是答案。我們剛才一開始帶領靜坐冥想時，我用的字是om namo（嗡—南無），因為這裡很多人知道om，也知道namo，這兩個也是梵文字。但實際上，我們教人開始靜坐時，是用咒語so'ham，也就是在回答ko'ham這個問題。你自問：ko'ham（我是誰），然後讓你的呼吸回答：so'ham（我是那個）。

好的，現在我們再做一次五分鐘的冥想。

將你心的注意力放在你自己這邊。
所有神明都住在你裡面。
所有菩薩，以及觀音的形象，都住在你裡面。
要知道，那就是你，
帶著這份覺知，讓你的心靜下來。

隨著你的心靜下來，你的身體也放鬆了。

當你的身、心都靜下來了，把注意力放在呼吸上。

體會呼吸在你鼻中流動、接觸的感覺。

讓呼吸變得輕柔、緩慢、平順。

呼與吸之間，不要停頓。

呼氣時，心中默想「瀚」（ham）這個字音。

吸氣時，心中默想「搜」（so）這個字音。

呼與吸之間，不要停頓。

「搜」與「瀚」的音流也不要停頓。

保持這樣的流動。

（此時斯瓦米韋達誦唸）

svabhāva śūnyāḥ sarva dharmāḥ svabhāva śuddho'ham

śūnyatā jñāna vajra svabhāvātmako'ham

svabhāva śūnyāḥ sarva dharmāḥ svabhāva śuddho'ham

śūnyatā jñāna vajra svabhāvātmako'ham
svabhāva śūnyāḥ sarva dharmāḥ svabhāva śuddho'ham
śūnyatā jñāna vajra svabhāvātmako'ham

so——ham——

輕輕地睜開眼睛。

記住你的自性，行為要出自那個自性，進食要出自那個自性，動念要出自那個自性。

記住你是一位未來的菩薩。

願諸菩薩護持大家。

**問：您提到五個覺性中心（脈輪）中有五大元素，但是沒有提到第六和第七中心裡面是什麼？**

第六，眉心輪，裡面是心（意）。第七，千瓣蓮花脈輪，裡面是希瓦、佛陀、上師。

**問：您說不要對別人說「不」，我們要如何做到？**

你要先成為一位別人無法對你說「不」之人。我可不是說，有人在街上攔住你，要你交出皮包，你不可以對他說「不」，而是要你成為別人不會要求你把錢包交出來之人。你的冥想，會讓你成為那樣的人。因為你會具有特殊的人格特質，你的眼神、你的笑容會帶著某種氣質，以至於別人無法對你說「不」。

重點在於要對你內在的世界有覺知力。每當你動了批評某人的念頭，你要立即觀察到自己，抓到自己，自問，「此人是否有善的一面？」當我對別人動了批評的念頭，會讓我的心覺得不快。為什麼我要讓自心不快？如果我想著那個人良善的一面，會讓我內心愉悅。我內心愉悅的話，我的人格會變得喜悅，別人就不會有批評我的念頭。所以要學會這門持續自我觀察的藝術。我現在動的是什麼念頭？我現在跟人說話是什麼語氣，是正面的還是負面的語氣？慢慢，慢慢，慢慢，你訓練自己。

一天是成不了佛的，但是你要開始。等一下在你回家的路上，若是起了批評別人的念頭，要觀察那個念頭。你今晚睡覺時躺在床上，不要去想今天發生過什麼不如意的事，要想今天有過什麼如意的事。不要去想那位說話不客氣的店員，去想他對你無益。去想那位客氣服務你的店員，去想你看到天上的飛鳥，去想你看到的花朵，去想你在商場見到的那名可愛的孩子。你一天中有這麼多如意的事，而你竟然躺在那裡為惡夢準備材料，然後明天你去見心理諮詢師談你的惡夢。把那些錢省下來！很簡單，只需要你重新訓練自己。

**問：別人傷害了我，這究竟是那個人的問題，還是我的問題？**

別人傷害了你，你如何反應是你的問題，他的行為是他的問題。祈禱他能成為更好的人，要想「他人生中有過什麼不快樂的遭遇，所以他才會如此傷人？噢，神哪，佛啊，耶穌啊，幫幫他！撫平他內在的傷痛，讓他嗔心不再如此之重。」如果你不能如此反應的話，就是你的問題。你不用對他的行為負責，但你要對你所起的反應負責。

你大可以有這種愉悅、祈禱式的反應。我可以向你保證，你的禱告會觸及他。但是你一定要出於真誠！如果你學會這門藝術，如果你能進入內在深處，你所做的禱告就會幫到他。你下次去神殿廟宇時要為他祈禱：那個憤怒的人，願他的憤怒能得到平息。所以這都在於訓練你自己。記住，他的行為是他的問題，你的反應是你的問題。你可以選擇自己要做出什麼反應，不要有無力感，你有能力改變自己！

**問：滿月靜坐時，坐在那裡該做什麼？**

這是一個很好的提問。也許這裡有些人還不知道，我們有個「滿月靜坐」的活動，世界上各地的人在滿月那天跟我一起靜坐。在滿月那一天，我在某個特定時段和在印度的人一起坐，另一個時段我和在美洲的人一起坐，另一個時段我和在非洲、歐洲的人一起坐，有個時段我跟在東亞地區的人，從新加坡到日本，同時間一起坐。那個時候，不論你身在何處，就坐著，一小時、半小時、十五分鐘不拘。坐的時候，大多時間你用我們教你的方式去坐：如何放鬆身體，如何呼吸。我們有錄音，你可以邊聽邊跟著坐，然後留一段時間，就靜靜坐著。你只要參加一起坐，就夠了。

**問：如何觀想脈輪？**

你學習觀想脈輪之前，要先學會如何呼吸。我們教學生要長期在這上面下功夫，我們會教如何從肚臍中心呼吸，如何體會呼吸在鼻孔中流動。如果你坐姿不正確的話，去觀想脈輪只會讓自己的能量糾結，你會感到這裡疼，那裡疼。你會說，這個冥想沒用，讓我全身疼痛。因此，你首先要學會如何平衡坐姿，如何坐直。這也要接受訓練。

當你掌握了正確的坐姿和呼吸方式，我們才授予你個人咒語。你做過個人咒語持咒功夫之後，我們才教你脊柱呼吸法。等你熟練這個之後，我們會觀察你，決定你該集中心念於哪個脈輪。那你得跟一位靜坐導師一起坐，他能帶引你把意識帶入那個脈輪。其後，不同的脈輪又有各自不同的咒語，不同的脈輪有不同的咒音，不同的脈輪還有各自特別的圖形和顏色。

所以，這要視你功夫的程度來決定教你到什麼程度。我有個靜坐導引錄音專門做脈輪的觀想法，但是我們不輕易給人，只能在時候到了才會給準備好了的人。

**問：空大是否為「空」？**

空大（ākāśa）不是「空」（emptiness）。空大（ākāśa）是「物」的一種特殊形態，如同風大、火大一般（都是五大元素）。

## 我是誰

這個宇宙是什麼？我這個人是什麼？我這身體裡面是什麼？是誰在說話？誰在看？誰在聽？誰在思想？誰在感受？

這就是瑜伽——在找我是什麼？這個我——要問我是誰，就要看到我分為三個層面。這個人裡面的我是誰？我在哪裡？這個我——這個宇宙的靈，我就是那個。我不是這個人裡面的靈，不是宇宙的神，而是超越了他們的時間空間。我是「梵」（Brahman）。

明白嗎？他們之間是什麼關係？知道這個關係的這一知，不是理論，是在每一個不同層次禪定中實證來的。你還沒有經驗到之前，它對你只是字語，是你聽來的知識，「噢，是有個神，是有個細微身。」但是你割破自己的手，只有血流出來，哪有細微身？你聽來的知識說我們身中有「氣」（prāna）。氣在哪裡？大家讀到它，就接受它，記住它，考試時寫出它，然後就自以為是瑜伽士（yogi）。

今天的人上了三個月的瑜伽課就把自己寫成了瑜伽大師，摩訶瑜伽士。即使在我們這個學院裡，居然也有人這麼做。他們封自己為瑜伽士，他們把瑜伽士當作自己的頭銜，我不認可這種行為，我不喜歡身邊有人這麼做。我自認，自己還沒有去到那個地位。我不會稱自己是瑜伽士韋達帕若堤。我的天！如果我都算是瑜伽士的話，那些真正的大師是什麼？那些祖師是什麼？

要先明白什麼是「我」的三個概念層次。那裡面又可以再細分為很多層次。我是誰，是有很多層次的。在《奧義書》中，那些層次名為 ahaṁ-graha upāsanā（敬事我執）。Upāsanā 的意思是崇敬事奉，而實證就是在崇敬事奉，就叫做 uāpsanā。實證到神就是敬事神。實證到靈就是敬事靈。在每一個層次，這個「我」（aham）的概念都會變。Graha 的意思是執取，抓著那個「我」。ahamm̐-graha upāsanā，由於執著，抓住「我」，執著於不同層次概念的「我」，對這樣實證到的「我」的崇敬。

你們目前所經驗到的「我」是什麼？是頭和腳之間的那個。但其實遠遠不止，你的房子燒掉了，你說：「我毀了。」你銀行的存款減少，你說：「我窮了。」銀行存款在那邊，你在這邊。你怎麼是窮的？但那就是你的我執，那就是你目前概念中的「我」。

《奧義書》描述了所有那些我們所經歷的「我」的概念層次，直到最後的「我」，就是「梵」。目前，你是你銀行的存款。目前，你是你的房子。目前，你是你的車子。

有人打你的車子，你說：「你打我。」嗯，所以你是你的車子？你的孩子病了，你說：「我傷心。」那就是另一個層次，你感情所連結層次中的「我」以及「我的」。

如同你的車子，你的身體發生什麼事，你說：「我受傷了。」有人侮辱了你，你說：「我受傷了。」這些層次的「我」都變得不同，因為那都是你「我執」的層次，你執著的是你概念中的「我」。

瑜伽修行的過程是在把那些概念一一放掉。早在威亞薩（Vyāsa）的時代，他就已經問：「提婆達多（人名）是否會因為他的牛群死去而變窮？」牛群死去和提婆達多有什麼關係？他是好好的，可是他說自己變窮了。

明白了嗎？這都是我執（ahaṁ-graha）在作祟。

## 譯者補充

斯瓦米韋達在演講中提及「三個我」的概念，但沒有進一步說明。下面是根據斯瓦米拉瑪在《鼻尖上的覺知》（*Sadhana: the Path to Enlightenment*）書中講述的三個層次的我之整理。

「我」有三個層次：無常的我、半無常的我、恆常的我。

無常的我是由身體、感官、呼吸，以及心中可以覺知到的表層意識所組成。這是我們常人所能覺知、所以為、所執著不放的我，也就是斯瓦米韋達所說的，在頭與腳之間的那一段，是有生有滅的。

這個無常的我經過一定的時間就會解體毀壞，也就是常人觀念中的死亡。在這個無常的我之中，身體和感官是經由呼吸與表層意識的心連結起來，所以呼吸是身與心之間的橋樑，也就是所謂的「心息相倚」。

半無常的我是由「個體靈」（jīva）以及心中覺知不到的潛意識（包括無意識）

部分所組成。這個潛意識中充滿了我們的前世及這一世所累積的心印、習氣、記憶。常人觀念中的死亡，就是這個半無常的我和無常的我分離的現象。

分離後，個體靈是以潛意識為載體，再進入下一個無常的我。這個半無常的我並不會隨著無常的我之消滅而滅失，它會繼續存在，直到終局的解脫，也就是潛意識中所累積的東西通通由於淨化或者業熟的作用被清乾淨了，個體靈融入了恆常的我，到此半無常的我才會永遠地消失。

恆常的我就是梵（brahman），就是大阿特曼（Ātman），就是本我（Self），是恆有，無形無色，不生不滅的。它遍及一切，猶如無邊的大海。個體靈是這個恆常的我的大海之一滴。一滴海水和大海的本質相同，不過範圍不同。一滴海水融入大海，就成為了大海。個體靈和梵的關係也是如此。

無常的我，它的大小、作用、存在，都是有限的、有邊的。無常的我是無限的、無邊的，而這無限居然能夠被裝在有限之內，是一個令人深思的神祕現象。

斯瓦米韋達說：

無限在有限中，誤以為自己是有限，那就是自我。無限在有限中，知道自己是無限，那就是冥想。咒語，是領著有限通往無限的線索，而且能在深沉的冥想中，讓無限顯現在有限中。

——《咒語和冥想》（*Mantra and Meditation*）

# 第14章 二〇一二年曼谷系列講演

以下是斯瓦米韋達二〇一二年在曼谷講演的內容。

# 1

皈敬 彼 薄伽梵 阿羅漢 正等正覺者
皈敬 彼 薄伽梵 阿羅漢 正等正覺者
皈敬 彼 薄伽梵 阿羅漢 正等正覺者

namo tassa bhagavato arahato sammāsambuddhassa
namo tassa bhagavato arahato sammāsambuddhassa
namo tassa bhagavato arahato sammāsambuddhassa

用你喜歡的姿勢舒服地坐著。心保持在放鬆狀態。保持心的靜默。保持全身的肢體和器官在放鬆狀態。舒服地坐著。覺知你現在坐著的姿勢。用那個放鬆的心聆聽。

圓滿無間之法輪，充塞動者不動者，
示我以彼妙境故，吉祥上師吾頂禮。
吉祥上師吾頂禮。
吉祥上師吾頂禮。

akhaṇḍa-maṇḍalākāraṁ vyāptaṁ yena carācaram,
tat-padaṁ darśitaṁ yena tasmai śrī-gurave namaḥ.
śrī-gurave namaḥ
śrī-gurave namaḥ

冥想是一條靜默之道，在巴利文稱為「寂靜」（upasama）之道。我們在《薄伽梵歌》中讀到：

終極寂靜即涅槃。（śāntiṁ nirvāṇa-paramām）

靜默的最高境地即為「涅槃」（nirvāṇa），巴利文是 nibbāna。我們要時刻把那個目標放在心上。呼吸時，要念念不忘那個目標。坐著時，要念念不忘那個目標。走動時，要念念不忘那個目標。進食時，要念念不忘那個目標。進一切「食」（āhāras）中皆如此，也就是佛陀所宣說的「四食」，四種進食（譯按：摶食、觸食、思食、識食）。

我們時時要保持覺知。那個覺知在巴利文叫做 anusati「隨念」，在《瑜伽經》中，梵文稱為 anusmṛti。梵文和巴利文這個字的意思是憶念、覺知、記憶。由哪一條道可以去到《薄伽梵歌》所描述的「終極寂靜的涅槃」？走哪一條道可以去到內在深處的寂靜，去到終極的寂靜，也就是涅槃？雖然道途有很多條，但是道途彼此互不衝突。所有的道途都匯合在「中道」（majjhimā paṭipadā）。中道，包括了所有的道，不否定任何道，不排斥任何道。

偉大的大師們來到這個世間，不是來摧毀以前聖賢所給予的教誨，他們是來成全。耶穌基督說：「我是來成全律法的。」佛陀也沒有牴觸古人的教誨。這些大師們的身教是：不盲從。因為他們對前人所教導的真理有所保留，所以會走上道途以深入探索自己內在的靈性。由於如此探索，他們親自體驗到了。因為如此體驗，他們知道古人所教導的是真理，是由內在深處的體驗而來的真理。《吠陀》、《奧義書》和《薄伽梵歌》所教導的，古代仙聖（ṛṣis）所教導的，就是佛陀自己所親自證悟的真理。而當你講的是自己親身的體驗，它就是原創性的教導，就不是抄襲。耶穌講的是他體驗到內在的本來。佛陀講的是他體驗到內在的本來，而且他教大家要自行去驗證它。他說：「以己為燈。」（atta dīpo bhava.）要做照亮自己的燈燭。當你走上照亮自己的寂靜之道，有一天你自己會成為佛陀，你會和基督合一，基督的意識會進入你內在。

冥想之道是在發現，那個意識一直在你裡面。你走上那條道途去尋求那個「香緹」（巴利文為 santi，梵文為 śānti），那個內在的祥和寂靜。

很多人問我們：「你們教的是哪種道途？」我們教的是所有《吠陀》之道，是《瑜伽經》之道，是仙聖之道，是一切諸佛之道。佛陀提到，在他之前有過二十四位佛，他教的和過去諸佛所教的相同。佛陀初次弘法的所在地叫做「仙聖墮處」（巴利文為 Isipatana，梵文為 Ṛṣipatana），意思是仙聖落腳之地。他選擇在過去仙聖弘法之地開講。

泰國盛行禮敬仙聖的傳統，例如在「素可泰」（Sukhothai），我去到當地時，當地人就告訴我哪些處所是仙聖從事修行的所在。我們所教的瑜伽冥想之道，就是那些仙聖之道。佛陀也提過仙聖。他提到有二十四位過去佛。而他自己，從生為一位名叫「善慧」（Sumedha）的婆羅門階級，到後來生為悉達多太子成佛，中間經過了五百世。他多次提到自己前世曾經是仙聖時所做過的教導、過去二十四位佛所做過的教導，以及多次提到自己從發願成佛以來，在五百次轉世期間所給過的教導。

泰國是一個心胸非常寬大的國家，人民非常開放。有的人是基督徒。很多人是佛教徒。這裡即使信佛教的人，照樣去「希瓦」（Śiva）和「烏瑪」（Umā）的寺廟禮拜。這就是仙聖傳承的美麗之處，不會和別的道途牴觸，會支持所有的道途，而仍然停留在中道。所以要走在中道上，不要說這道正確，那個道不正確。你去到像是峇里島和尼泊爾的地方，你聽到他們說希瓦就是佛陀，佛陀就是希瓦。當你走的是大乘佛法的道路，希瓦是和佛陀結合起來，他們成為了「觀自在」，那位以大悲心在俯視我們的聖靈。在瑜伽冥想之道，我們會將「希瓦」和「烏瑪」這兩個名詞賦予靈性的意義。希瓦是你內在神聖的覺性，烏瑪是在你裡面的「昆達里尼」。你在冥想之道上去做昆達里尼瑜伽，就是在禮拜這個烏瑪。因此在瑜伽士心中，一切法門都是平等的，沒有對錯的問題。希瓦就是佛陀。佛陀就是希瓦。烏瑪是昆達里尼。希瓦是我們內在至高的神聖覺性。

所以，有人問：「你們所教的瑜伽冥想，是奢摩他（samatha，止）還是毗鉢舍那（vipassanā，觀）的法門？」我們是結合了兩者。但其實不是我們結合兩者，它們一向是相結合的。

無慧者無定，無定者無慧。
兼具定與慧，彼實近涅槃。

natthi jhānaṃ apaññassa paññā natthi ajhāyato
yamhi jhānaṃ ca paññā ca sa ve nibbāṇasantike

這段巴利文的偈語出自《法句經》（*Dhammapada*），收錄在南傳巴利文《三藏》（*Tipiṭakas*）其中的《小部尼科耶》（*Khuddaka Nikāya*）。不知道你們有多少人讀過《法句經》？你每天都應該讀誦。上面引述的巴利文偈語，「無慧者無定」意思是，有了「般若」（慧，paññā）的覺醒，才有禪那（定、冥想，jhāna）。而「無定者無慧」，沒有冥想（定），就沒有慧的覺醒。沒有冥想，不能定，慧就不會覺醒。「兼具定與慧」，能兼具冥想（定）以及智慧（慧）的人。「彼實近涅槃」，他非常接近涅槃。這就是佛陀的教誨。

如果你仔細閱讀佛陀的教誨，會發現有很多地方是引自《吠陀》，他也引用了出自《摩訶波羅多》的句子。有一段出自《黎俱吠陀》的禱文是：

> 噢！世界之主，願我永不再進入這個土舍。撫慰我，領我到那個境地，讓我不再進入這個土舍。
>
> mo ṣu varuṇa mṛnmayaṃ ghṛhaṃ rājannahaṃ ghamam mṛḷā sukṣatra mṛḷaya

土舍是比喻身體。佛陀記住了這段出自《吠陀》的仙聖禱詞，當他坐在菩提樹下，於絕對靜止中坐了整整七七四十九個晝夜，最後獲致「圓滿正覺」（saṃbodhi），證悟了。然後他睜開眼，首先說出的字句是：

已見造屋者（gahakāraka diṭṭhosi）

不再造於屋（puna gehaṃ na kāhasi）

他說，自己多生累劫以來尋找是誰為我造屋。噢，造屋者！如今見到你了！你永遠不會再為我造這個屋舍了！

因此那段出自《吠陀》的禱文：「願我不再入此土舍。」獲得了應驗。所以佛陀並沒有牴觸《吠陀》中仙聖的教導。他是在用自己的感受來佐證仙聖所言。我們在講《瑜伽經》的時候，會教其中一段梵文的文句，是大師威亞薩的注釋：

prajñā-prāsādam-āruhyā aśocyaḥ śocato janān

bhūmi-ṣṭhān-iva śaila-sthaḥ sarvān prājño'nupaśyati

意思是，到了清澄的智慧宮殿頂端之人，再也沒有苦痛憂傷。而他看著世間苦痛的人們時，就像是站在山頂上之人，看著那些仍然在下面平地走動的人們。

現在我們來看佛陀是怎麼說的。剛才引用的梵文是prajñā-prāsādam-āruhyā（登上澄明智慧）。佛陀用巴利文說：

paññāpāsādamāruyha asoko sokiniṃ pajaṃ
pabbataṭṭho'va bhummaṭṭhe dhīro bāle avekkhati

聖賢登慧閣，觀愚者多憂。
如登於高山，俯視地上物。

若人抵達澄明頂端，有了澄明的「智慧」（paññā），他不再有悲痛，沒有憂傷，他慈悲地看著所有憂傷的人們，「如登於高山，俯視地上物」，有如站在山頂之人，向下俯視。他看著在世間走動的那些人，他們愚昧而需要引導。

耶穌基督復活後，他去到門徒的所在。《聖經》說，他將呼吸注入他們（對他們吹一口氣）。我們在上師斯瓦米拉瑪身邊也有同樣的經歷。有一次，某人坐在河邊，面對著河，不知道斯瓦米拉瑪來到她身後。斯瓦米拉瑪靜靜地站在她身後，她忽然覺得自己的呼吸之流變得非常細微。她很奇怪這個變化是怎麼來的。你懂了這個的話，就懂了《聖經》在說什麼。你要了解佛陀所經歷的，你要了解《聖經》所描述的，你就需要進入瑜伽的冥想之道。然後所有那些經書裡面所描述的，對你都會成為真實。明天我會再多談一些。

你無法在菩提樹下坐上四十九個晝夜。如果你能坐上四十九分鐘就已經算是很有成就了，即使你能坐上四十九秒，你仍然能算是有所成就。佛陀說過，（斯瓦米韋達彈指）這個聲音，你的心在這彈指之間能維持絕對靜止，就是很大的成就。佛陀說，如果你在十次這個彈指聲音之間，能靜靜坐著完全覺知自己的呼吸，心中毫無任何雜念，你就更接近涅槃境地了。這個短暫的時間在巴利文和梵文叫做 choṭikā（彈指間）。十彈指間，也就是十秒鐘之間，你要「做決意」（巴利文為 sankappa，梵文為 saṅkalpa），做個決意：未來的四十九秒鐘內沒有形色，沒有「色」（rūpa）；未來的四十九秒鐘內，沒有感受，沒有「受」（vedanā）；未來的四十九秒鐘內，沒有其他的心印出現，沒有「想」（saññā）；未來的四十九秒鐘內，沒有形成心印，沒有「行」（saṅkhāra）；未來的四十九秒鐘內，沒有其他的意識，沒有「識」（viññāna）。在四十九秒鐘之間，你超越了「色」、「受」、「想」、「行」、「識」。你們知道這些名詞嗎？你能試做一下嗎？做的時候要保持呼吸的覺知。現在試試，只要四十九秒鐘，就只感覺呼吸在你鼻中流動。我明天會再多講一些。

現在，做出決意。心中決意，未來四十九秒，我不會有任何的雜念和其他感受。我只會去感覺我的呼吸。現在開始。

（約一分鐘後。）

繼續保持如此的覺知，慢慢睜開你的眼睛。每一天，你都要多做這個短暫的冥想，就是在做我開頭所講的，飲下這個清涼的「寂靜」（upasama）之水，去到內在完全的寂靜祥和之處。

嗡 皈敬 諸佛

嗡 皈敬 諸上師

om namo buddhebhyaḥ

om namo gurubhyaḥ

## 2

各個宗教的創始者來世間，不是來製造衝突。他們是來創造和諧，是來把不同的部分結合起來。耶穌基督不是來製造衝突。佛陀不是來製造衝突。瑜伽的創始者不是來製造衝突。這些創始者的心識極為巨大遼闊，整個宇宙乃至宇宙之外，都在他們的心識中。那宇宙中所發生過的一切，都在他們的了知中。因此，所有的道都是他們的道。他們教我們如何去整合種種的道。他們知曉以往諸佛、先知、大師、仙聖的教導。他們沒有牴觸那些教導。

我昨天說過，他們是經由對自己內在的探究，驗證了那些古老、永恆的真理，而那些真理成為了他們親身的經驗。我們所學習和修證的，是所有創始者所經驗到的，是他們所傳述的教導，是他們親身的經歷和體驗。他們向來都教弟子和徒弟，不可以落入衝突爭辯。在記載佛陀教誨的（南傳）《三藏》中，有一部《梵網經》（*Brahmajāla Sutta*）。佛陀在其中詳細列出了六十二種具有爭議性的見解。因為他知曉世人有種種不同的見解，所以在《梵網經》中，他告誡弟子們絕不可去談論那六十二種有爭議的見解。

我們之所以會爭，是因為我們的心量狹小。當我們的心量能擴充到如同基督或是佛陀的心識地步，這些似乎彼此矛盾衝突的觀點和見地，就都成為了我們的所知。這就是為什麼佛陀對於各個不同的弟子，所用的教法就有所不同。而他把所有這些道稱為「中道」（Majjhima-patipadā）。我們在教昆達里尼瑜伽時，也教中道，中間之道，就是「中脈」。佛陀也在密法的教授中有所提及。

所以，這次主辦單位要我講，如何能將瑜伽融入泰國傳統。我認為這根本不是問題。瑜伽本來就是一個古老的泰國傳統，你們所崇敬的古代仙聖已經在教瑜伽了。例如在此地著名的臥佛寺，裡面曾經有八十四尊瑜伽體式的雕像，目前大概還有三十尊。據說那些都是仙聖們的雕像。猶記得很多年前我初次到訪曼谷時，我隻身來到，住在旅舍中。旅舍房中有給遊客的文宣，就是專門給觀光客讀的小冊。裡面說，泰文字母的形狀，是根據瑜伽體式的形狀而來。所以瑜伽融入泰國傳統根本不是問題。瑜伽能豐富泰國的傳統，兩千年來都如此。

我說過，耶穌基督和佛陀並沒有牴觸前人的教誨。耶穌基督的門徒問他：「你是先知彌賽亞嗎？」其實他是在延續前人的功業，只不過是用他自己所經驗到的方式來傳述。你可能不知道，《聖經》的《登山寶訓》中有許多句子，都可以在梵文經書《摩訶波羅多》中找到，例如：ātmanaḥ pratikūlāni pareśāṁ na samācaret（己所不欲勿施於人）。我們再讀耶穌的教誨：Do not do unto others the act you do not wish them to do unto you.（你不想別人對你做出的行為，就不要對別人做。）完全一樣的句子！

佛陀的教誨也一樣。當他提到「心」的時候，他說：dūraṅgamaṃ ekacaraṃ（心遠行獨行。——《法句經》37）。在我們位於印度瑞斯凱詩的道院中，每晚我們都會背誦對「心」的頌詞。我們誦唱：dūraṅgamaṁ jyotiṣāṁ jyotir ekaṁ（此無遠弗屆、眾光之光）。意思是，「此心能去到極遙遠處」。dūraṅgamaṁ 是出自《吠陀》的頌詞，而佛陀提到心的時候也說 dūraṅgamaṁ，「此心能去到極遙遠處」。

把自己侷限在一種宗教中的人，不會明白所有這些宗教是合一、和諧的。佛陀說：akkodhena jine kodhaṃ asādhuṃ sādhunā jine.（以不忿勝忿，以善勝不善。——《法句經》223），用不憤怒來制服憤怒，用善來制服惡。梵文的《摩訶波羅多》說：akrodhena jayet krodham（以不忿勝忿），asādhum sādhumnā jayet（以善勝不善）。一樣的字句！只有些微言語的不同。

還有，《瑜伽經》中也講「四梵住」（Brahmavihāras），你們聽過所謂的「四梵住」（四無量心）嗎？這是帕坦迦利的道，還是佛陀的道？現在我引用帕坦迦利《瑜伽經》的一段經句：

養慈、悲、喜、捨心以對樂、苦、有德、無德者，心地因而清明愉悅。

maitrī-karuṇā-muditopekṣāṇāṁ sukha-duḥkha-puṇyāpuṇya-viṣayāṇāṁ bhāvanātaś citta-prasādanam.（1.33）

我們的心地能變得清明而愉悅，「心地清悅」（citta-prasādanam），是由於培養：

- 慈（maitrī）：無邊的愛
- 悲（karuṇā）：同理心
- 喜（muditā）：欣悅
- 捨（梵文為 upekṣā，巴利文為 upekkhā）：中立不偏

佛教徒一定是從帕坦迦利那裡聽來的？還是帕坦迦利一定是從佛陀那裡聽來的？為什麼要爭這個？這是由靈性證悟而得出的同一真理。佛陀最後坐在菩提樹下開悟之前，他接連去找了六位老師。最後一位老師的名字是阿羅邏迦藍（Ārāḍa Kālāma），這是一位「數論」哲學大師。「數論」是瑜伽的理論基礎，所以瑜伽也叫「數論瑜伽」。

什麼是「四聖諦」？就是苦、集、滅、道（巴利文為 dukkha, samudaya, nirodha,

magga）。帕坦迦利《瑜伽經》中的用字是梵文的 duḥkha-heya, duḥkha-hetu, duḥkha-hāna, duḥkha-hāna-upā。

- 苦（duḥkha,）：苦痛
- 集（duḥkha-hetu）：苦因，招致那個苦痛的原因。什麼是導致苦的原因？是「無明」（巴利文為 avijjā，梵文為 avidyā）。
- 滅（duḥkha-hāna）：那個苦痛得到滅除。
- 道（duḥkha-hāna-upāya）：滅除那個苦痛的方法，那就是要滅除我們的「無明」。

帕坦迦利的《瑜伽經》一共約兩百段經句，其中就有二十七句經是在講這個四聖諦。佛陀從阿羅邏迦藍那邊學到這個道理，但是他不會就這麼接受別人所講的道理。有時候我講課時會告訴大家，如果你要當我的學生，就不要相信我講的任何一個字！自己去練，去體證。在自己的內在去發現它是否為真。那就是佛陀之道。所以當佛陀聽聞阿羅邏迦藍講述了四聖諦之後，他坐下來去親證，他證悟了它，然後用自己的話講出來，用當時大眾所使用的語言講出來。今天我們在用英語交流，我多希望自己能說泰語！泰文中有一半的字是來自梵文和巴利文，但是我此生已經沒有時間了，我今年七十九歲，還有很多要做的事。如果我還能多活幾年的話，就會學泰文，然後我就能用泰語跟你們講話。現在必須透過翻譯來講學，絕對無法傳達準確的意義。所以，佛陀自己證悟了真理。那正是數論瑜伽大師阿羅邏迦藍所告訴他的，但它成了佛陀的教誨。它不再是阿羅邏迦藍的教誨，而是佛陀的教誨。但是它也在帕坦迦利所傳授的《瑜伽經》中。

有人問：「你們教的瑜伽冥想，是在教人走『定』（samatha）的路線，還是在教人走『慧』（paññā）的路線？」如果你能問佛陀：「瞿曇佛陀，你是在教人得『定』，還是在教人得『慧』？」你們認為他教的是哪一種？兩者是合在一起的！「戒」、「定」、「慧」三者是一起的。「戒」（巴利文為sīla，梵文為śīla）是你的行為操守。在帕坦迦利的《瑜伽經》中，「戒」的教誨是用五個「夜摩」（yamas）以及五個「尼夜摩」（niyamas）來表示。

第一個「夜摩」戒律是什麼？ahiṃsā，就是非暴力、莫傷生、不要引起苦痛。如果你去南傳佛教的寺廟，他們會持誦（受五戒）：「吾今受持不殺生戒」（pāṇātipātā veramaṇī sikkhāpadaṃ samādiyāmi），「吾今受持不偷盜戒」（adinnādānā veramaṇī sikkhāpadaṃ samādiyāmi ）等。第一句就是聲明「非暴」。這是瑜伽還是佛法？所以你們不用擔心佛教徒是否可以學瑜伽。

「定」（samādhi）和「慧」（pañña）也是一樣。「八正道」（ariya-aṭṭhāṅgika-magga）也叫「八聖道」（āryaṣṭaṅgika-mārga），即八重聖道，在其中最後的兩個是「正念」（sammāsati），即正確的念住，以及「正定」，即正確的禪定（sammāsamādhi）。在《薄伽梵歌》裡，奎師那教導阿朱那時說：

由欲望因而起忿怒。
由忿怒而生大昏昧，以大昏昧故念力亂。
念力亂然後智性失，智性失卻故終墮亡。

kāmāt krodho’bhijāyate

krodhād bhavati sammohaḥ sammohāt smṛti-vibhramaḥ
smṛti-bhraṁśād buddhi-nāśo buddhi-nāśāt praṇaśyati（2.62～2.63）

他說，當你的心地昏昧，心就失去「念力」（smṛti）。所以在《瑜伽經》中，我們學到「念住」（梵文為 smṛtyupasthāna），就是巴利文的「念處」（satipaṭṭhāna）。所以在《薄伽梵歌》結束時，阿朱那對奎師那呼道：

汝不滅慈恩加被故，昏昧已除復得念力。
naṣṭo mahaḥ smṛtir labdhā tvat-prasādān mayācyuta（18.73）

他說，我的主啊，由於您的慈恩，我的昏昧已除，所以我的定力又回來了。那是「念住」（sammāsati），是八正道中的第七個正道。

然後是第八，「正定」（sammāsamādhi），就是正確如法的禪定。我昨天為你們引用了《法句經》的「無慧者無定，無定者無慧。兼具定與慧，彼實近涅槃」。意思是：「沒有智慧之人，就不會有禪定，而不做禪定之人，就沒有智慧」。「能兼具備智慧和禪定的人，他離涅槃就不遠了。」所以，「定」和「慧」這兩者沒有矛盾，是非常明白的，這兩者必須兼備。

在南傳佛法《三藏》的《相應部》（*Samyutta Nikāya*，相當於中譯《大藏經》中的《雜阿含經》）裡有一個故事說，一位年輕的天神「天子」（devaputta），在夜半來到佛陀面前——我告訴你一個秘密。對於瑜伽士，好事都發生在夜間，當整個世界在睡眠中，他們是清醒的。即使是伊斯蘭教的教主穆罕默德，也說：「阿拉整夜賜我以食。」神整晚以盛宴待我。還有很多例證。講回那位天子在夜半來見佛陀。

佛陀看著他，說：「你為何而來？」這些天人都是佛陀這位覺者的追隨者，他們都還要請佛陀解惑。天子說：

內結與外結，人為結縛結；
瞿曇我問汝，誰當解此結？

antojaṭā bahijaṭā, jaṭāya jaṭitā pajā;
taṃ taṃ gotama pucchāmi, ko imaṃ vijaṭaye jaṭan.

意思是，「我對世界感到厭煩，它就像一張布滿了結的網，每個人都被纏在其中。」這裡所用的字是jaṭā（網結），是一張複雜的網，上面布滿了結，每個人都被纏縛在裡面。他說，「內是結」（antojaṭā），你進入內心，是一張布滿了各種各樣結的網。「外是結」（bahijaṭā），你去到外面世界，是一張布滿了各種各樣結的網。裡外都是網結，那個把所有人都纏縛在裡面的網結，那個字就是jaṭā（結、網結、髮結）。「人為結縛結」（jaṭāya jaṭitā pajā），眾生都被這張布滿結的網所纏住。他問佛陀，喬達摩，我問你，誰才能夠掌握這個複雜無比的網結？誰才能夠讓掙脫這個纏繞自己的網？

佛陀答道：

住戒有慧人，修習定與慧。

有勤智比丘，彼當解此結。

sīle patiṭṭhāya naro sapañño, cittaṃ paññañca bhāvayaṃ
ātāpī nipako bhikkhu, so imaṃ vijaṭaye jaṭaṃ

能精於遵守戒律正行，修習定與慧，精於心地的定，同時，要能精於智慧。定和慧要兼具，不是分開來的（cittaṃ paññañca）。能精進專注於此。聰明者，比丘，智慧的比丘，能將自己從這個複雜的網結中解脫出來。

《薄伽梵歌》說：能精於這個「定」和這個「慧」的人，叫做「定慧者」（sthita-prajña）。「定慧者」的意思是，他的智慧已經穩定不搖。

在《聖經》中有「五書」，被合稱為《詩歌智慧書》，你們都該讀。大多數的基督徒會唱誦其中《大衛詩歌篇》的幾首，但他們不去讀《約伯記》、《傳道書》等等其他的智慧書。我現在沒時間去談這些。但是，戒、定、慧三者缺一不可。

我還有很多東西想講，但是今年是我外遊講學最後的一年，明年（二〇一三年）開始，我要進入一個五到七年的靜默期，我們傳承中很多資深的老師會教你們。我歡迎你們來印度的道院，跟我一起在靜默中打坐。所以我不再講課。但是這些年來我錄下了五千小時的授課錄音，你們可以找來聽。我還有厚達四萬五千頁的授課紀錄等著出版。過去六十五年來，我不停地在世界巡迴講學。佛陀在八十歲的時候說：「我的身體已經衰弱，背都彎了，我走路時腳都不聽指揮無法邁步。」四年前，當我七十五歲時，這情形就發生在我身上，所以我說自己領先了佛陀四年。他在八十歲時身體發生的情形，我七十五歲就有了！過去六十五年來我外遊講學沒有停過，該是時候往內走了。但是我告訴你一件事，靜默中的教學比起使用言語的教學更為有力。

你們要多積善，而且不要張揚。以及要從事冥想修定學，同時要修慧學。因為根據我為你所引用的《三藏》，有此無彼就不圓滿。我希望你們走的是圓滿之道。

現在，將眼睛閉上。

放鬆你的額頭。

感覺呼吸在鼻中流動。

除了你呼吸流動的感覺之外，沒有其他的覺知。

如果你有自己的個人咒語，就在呼吸時用上那個咒語。

如果你信神，就用你的語言中神的名字，或者在呼氣時默念「佛陀」（Buddho）這個字，吸氣時默念「佛陀」。

呼與吸之間沒有停頓。持「佛陀」或其他神明名號的念頭也不要停頓。

不要停下如此的覺知，輕輕睜開你的眼睛。睜開眼睛之後，讓那股流繼續。

每天盡量多次進入這個平和的境地。

願神祝福你。

願諸佛祝福你。

願所有的仙聖祝福你。

願我的上師以及所有上師祝福你。

## 3

有人說，「心很難平靜下來。」剛才我們一起冥想了一陣，你們覺得平靜嗎？覺得平靜？（眾答：是的。）就這麼簡單。只需要幾分鐘。平靜不是長在樹上。它不會像雨一樣從雲端降下來。它不是別人拿來給你的。當你冥想的時候，是進入自己內在那一個平靜的湖泊。你呼吸就是去那湖泊取水，取來一桶又一桶的平靜，讓它流動。然後那個平靜會流向他人。世界和平是你的責任！要世界和平就從你自心做起。

你剛才已經體驗到了那個平靜，從今起每天挪點時間，花半小時或一小時打坐冥想。如果你沒時間的話，用二到三分鐘做呼吸的覺知也行。你每天有這二、三分鐘的時間嗎？當你站在街邊等車，那個時候你在做什麼？你要利用那個空檔時間，回到自己內在的平靜。如果你家屋子外面有湖泊或是河，你每天都會望著窗外好幾次。你是否會問我：「我屋外有個湖，我每天該望著窗外的湖泊幾次？我該看幾分鐘？」我是否需要給你規定？你內在有個湖。每次你進入冥想，就是去到那個平靜的湖邊。「我每天該打坐幾次？」「我每次該坐上多久？」「我的心應該平靜幾次？」這也需要問？

很多人把重點放在什麼是正確的方法上。光是呼吸覺知，我上師就教了我四十種不同的方法。我該練哪一種？哪一種才是正確的？它們統統可以把我帶到平靜的源頭水庫。耶穌基督不是只教人一種方法，他教了弟子們不同的東西，那些紀錄保存在一些手稿中，上個世紀陸續被發掘出來。如果你去讀《聖經》中的四本《福音書》，就會發現四種不同的風格。《馬太》福音才是正宗的風格嗎？或者《約翰福音》才是正宗？哪一個才是真正的耶穌？

佛陀對不同弟子的教法就不同。等到佛陀涅槃了，弟子們開始彼此爭論，「不，他教我的才是正道，你那一套不對！」緬甸那裡的僧人，有時候會帶著最親近的弟子去「舍摩奢那」（śmaśāna，意思是墳塚），教他們去觀想肉身無常。有時候會叫他們專注觀想身體的五十二個不同的部位。有個故事講教弟子觀想的法門。佛陀有兩大弟子，舍利弗（Sāriputta Upatissa）以及大目犍連（Mahā Moggallāna），你們也許聽聞過他們的名字。他們的年紀比佛陀還要大。我記不得是他們哪一位收了個弟子，我想應該是舍利弗。他照著佛陀教他的方法教這個弟子做不淨觀。舍利弗教這個弟子開始專注，去觀想自己的肺、肝、骨骼等等。可憐的弟子坐了六個月，試著去逐一觀想自己的內臟，但總是觀不起來。要是換了別的老師可能會說：「你的根性太差，請離開我們的寺院！」舍利弗沒有這麼做，他帶這個弟子去見佛陀。佛陀見他們走來就知道問題出在哪裡。他對舍利弗說：「舍利弗，此人過去五百世以來，做了五百世的珠寶匠，他只跟金銀珠寶打交道，他懂做出美的東西，你現在要他去專注身體醜陋污穢的部分，你要他怎麼做得到？」

所以佛陀拉著這個弟子的手，「來，我教你。」佛陀帶他去到一間舒適通風有陽光的茅舍。佛陀問：「這間很美，你喜歡嗎？」「是的，是的！」「好，那你就住這間。」這個故事很長，我們時間不夠。我真開始講故事，你們到明早還會坐在這裡！所以大師對於每一個弟子都有個特別的教法，然後等到大師去世他們就開始爭辯，「不，不，定才是正道！」「不，不，不，不，慧才是正道！」

就目前而言，有的人比較適合在定上多做一些功夫，少一些用來修慧，有人就適合走慧的路子，少一些去修定。遲些時候他們會進步，如我先前引用過大師們的教誨所說，他們走的路子終會融合在一起。

「我是基督徒，我怎能成為瑜伽士？」

「我是佛教徒，我能練瑜伽嗎？」

「我是無神論者，瑜伽對我能有什麼用？」

這些都不成問題！一點都不是問題！基本的法門人人都可以去練。每個人都要呼吸，佛教徒的呼吸是否比基督徒多？基督徒要呼吸，佛教徒要呼吸，無神論者要呼吸，所以我們從呼吸這個共同的路子教起，你們都可以照著練。

我知道主辦單位要我把時間留給大家發問，所以我就不再多講下去。有問題嗎？好吧，主辦單位告訴我大家想把剛才的故事聽完。

巴利文有一個字，caikamana（行禪、經行），是師父和弟子一起去散步。大師們有個習慣，有時候他們會帶著特別的弟子一起去散步。我的師父有種特別的磁力，如果你見到他走路，自然會想跟著他一起走。他會說：「不，你們去做自己的事！」可是我們不想走開，不想離開他，他是如此具有磁力之人。有時候大師們會在散步時把祕訣傳給弟子。

接著講前面的故事，佛陀帶著這名珠寶匠弟子去散步。一天、兩天。你活在這個世界中，大師可是有許多世界的。佛陀有許多世界。耶穌有許多世界。有時候見到他們在這個世界行走，他們也同時在另一個光的精微世界中行走。話說佛陀帶著弟子去散步，弟子在行走中，心識就起了變化。在大師身邊，你的心識經常會起變化，因為他們把心識的一滴給了你。那種心識的一滴可以是以咒語的形式來到。

不過，這回弟子和佛陀去散步，佛陀在心識中帶他去到天界的湖邊。那裡滿是美麗的蓮花，弟子就站在那兒凝視，他習於觀看美麗的東西，無法觀想醜陋的。他站在那兒凝望著美麗的蓮花。佛陀說：「你喜歡它們嗎？」弟子說：「是的，我從未見過如此美景。」「好，那你摘一朵蓮花。」但弟子無法決定要哪一朵，他每看一朵都覺得比其他的更美。佛陀說：「摘任何一朵。」最後弟子摘了一朵。「好，我們回去。」他就隨著佛陀回去。佛陀說：「現在坐下來，看著這朵蓮花，專心在它上面。你不用去觀想醜陋的肝臟，也不用去觀身子裡流動的血液。這才是你要走的路子。你就坐在這裡，專注看著這朵蓮花。」

這跟另一個名叫茹葩南妲女子（Rūpanandā）的故事非常類似，那是另一個故事。

所以這弟子就坐著凝視蓮花。正常情況下，蓮花放在你面前要很多天才會枯萎腐爛，但是大師們能控制時間之力，我的師父就曾經用時間來捉弄我，但那又是另一個故事。你們要回來我的道院聽這些故事，我刻意說「回來」，好像你們已經去過了，因為你們中間有些人曾經去過。不，我不是說你們在這一生去過。你們很多人今天會來這裡聽講，是因為我們早就結過緣了。

言歸正傳。這弟子坐著專注於蓮花。不消多時，就在他眼前，一個花瓣落下，另一個花瓣落下，又一個花瓣落下，漸漸地所有花瓣都掉落下來。只剩下花莖。在很短的時間內，在幾分鐘之內，他眼前的花瓣很快地腐爛，不久就成了一堆爛泥。這弟子因此悟到，即使是世上最美麗的東西，都不是永恆的，都終歸無常。所以佛陀帶著珠寶匠，用美的方式讓他領略到身體的無常。

有部誦文叫做〈長老詩偈〉（Theragāthā），也有部誦文叫做〈長老尼詩偈〉（Therigāthā）都收藏在《三藏》的《小尼柯耶》中。〈長老詩偈〉是早期僧眾中男性長老的自述詩歌，〈長老尼詩偈〉則是早期尼眾的詩歌，是尼眾自述她們為何生起出離心，走上道途出家成尼。當年佛陀度化了他的兒子出家，度化了他的夫人。他所有的表親都成為僧和尼，家族中幾乎每個人出家了，除了一名叫做茹葩南妲的女子。茹葩南妲這個字的意思是「色喜」，欣賞自己美麗的容貌。她對自己的美麗很自豪，抗拒佛陀召喚她出家。她想，「我這麼美，我可不想剃髮，還要上街乞討！」但是隨著時間過去，她想，「唉，家族所有的成員都去了，就剩我一人，諾大的宮中我只能跟自己為伴，我還是去出家為尼吧！」所以她也出家了。

在僧團中，所有的僧眾和尼眾都要去聽佛陀的開示。她就不去。「我不去，因為他會說人的美貌算什麼，而我有美貌，會覺得傷害，我才不要去聽！」但是，你能抗拒大師多久？如果他要你去，遲早你都得去。而一旦你決定了要去，你就不會有財務的問題，這我可以給你保證。你的盤纏自然會來。那就是大師的手法。

有一天她終於參加僧團上課，坐在角落，望著佛陀。那天佛陀完全沒有提美貌這件事。她想，「他的教導還不算太糟。」此時佛陀施展法力，他變出一名十六歲的女子，站在佛陀身後為他搧扇子。印度是很熱的地方，比曼谷這裡熱。老師、大師、斯瓦米、和尚在教課的時候，常會有弟子們在身後搧扇子。他們使用的是那種大型的扇子。

茹芭南妲見到佛陀身後的女子，她想，「我是最美的女人，但是她居然比我更美。不知他從哪裡找到她的？這女子看來大約十六歲，這麼一位年輕的信徒，我希望他不要讓她在此浪費了青春美麗。」幾分鐘之後，她說：「她現在看來好像是十八歲的樣子。」所以她看著那名十八歲的女子。又過了幾分鐘，她說：「我的眼睛一定有問題，她應該至少有二十歲。」所以就在她眼前，每隔幾分鐘，那女子由十六歲變成十八歲，變成二十歲。「我的天，她看來更像是二十六歲。什麼！現在成了一位三十八歲的婦人了！天哪，究竟怎麼回事？」「她一定有四十五歲。不，她有五十歲了，這是怎麼回事？」

就在茹芭南妲的眼前，一名極為美麗的年輕女子，變成了一名六十、七十、八十歲的老婦，最後捲縮倒下成為一具屍體。佛陀完全不用說一個字去譴責美貌，就為茹芭南妲上了一課，如果你看著時間的消逝，就見到這個身體的無常。

大師們對於不同的弟子有不同的教育手法，所以你們之間不要爭辯走這條路或那條路。要走中道，集中注意力在呼吸上。要一而再、再而三地做下去。我本來打算為你們讀一段冥想最重要的經典之一。但是，等以後吧。其實，沒有以後了。因為這是我最後一年講課。以後我會在靜默中教學。我們這些資深的老師會為你們講課，而我會在靜默中教學。如果你注定要來我的道院，你就會來。

我向諸佛祈禱祝福你。
我向所有的先知祈禱祝福你。
我向耶穌祈禱祝福你。
我向所有的仙聖祈禱祝福你。
我向所有的上師以及我的上師祈禱祝福你。

我無法用言語表達對這群年輕朋友的感謝，他們辛苦辦了這次的活動。你們是否感到滿意？是嗎？那你們要多辦活動。你們應該經常做兩到三天的靜默營，以及相互成立群組一起靜坐冥想。大師們一定會來到為你們加持。

**問：當我們冥想的時候進入了靜止狀態，要如何將靜止狀態提升到喜樂狀態？**

有的人會先感到靜止，然後感到喜樂。有的人則是先感到喜樂，然後感到靜止。這會因你細微身中的心印而定，每個人都不同。當你練冥想的時候，靜止感來到，要知道是誰給你那個靜止感？是有人捧著個碗裝著靜止交給你的？它究竟是從哪兒來的？靜止感的來處，也就是喜樂感的來處，是同一個地方。它自己會來到，你不需要刻意去求它。沒有方法可言，不需要技巧。只需要深入冥想，延長冥想就行了。

當我說「延長冥想」，這不是說，你原本坐三分鐘，現在延長為三十分鐘。延長的意思是在那三分鐘之內，你可以做到別人需要三十分鐘才能做到的地步。重點在於能保持同一個念頭不被打斷。你能保持在一分鐘之內沒有任何分心？把它延長為兩分鐘，把它延長為三分鐘。在同樣長度的冥想中，你能經驗到更長的無中斷狀態，你的深度就會增長，放鬆的感覺會自然來到，喜感（巴利文為 pīti，梵文為 prīti）會來到，樂感（pramoda）會來到。

我原本要讀給你們聽的專講呼吸法門的那部經典，其中講到，練入出息法門時所經驗到的十六個層次，就有講到喜樂，它們自然會發生。譬如你從曼谷這裡開車去清邁，你開到半路，打電話問警察：「我的車子把我帶到半路，我要怎麼從這裡開到清邁？我是否要改變我開車的方法？」把你帶到這半路的村莊的同一條道路，就能帶你到清邁。你只要用同樣的方式，一而再，再而三，繼續前進就會到。

經典說：

> 比丘們！入出息念之定，已如此修習。
>
> Evaṃ bhāvito kho, bhikkhave, ānāpānassatisamādhi[1]

經文中的關鍵字是 bahulīkato，要一而再再而三重複去做。

**問：什麼是咒語啟引？**

啟引是，功夫較深的冥想者將一滴神聖的覺性，以字語的形式，以音聲振盪的形式，置入功夫較淺的冥想者的心識中。那個咒語的啟引並非來自於我，而是來自於傳承的上師們。我已經授權了十二、十五個人，其中有的人跟著我以及我的師父學習冥想已經四十一年之久，例如斯瓦米瑞塔梵・帕若堤（Swāmī Ritāvan Bhāratī）、司通馬・帕克（Stoma Parker）博士。他們都經過授權，可以為人做咒語啟引。所以你可以從他們任何一人得到傳承的咒語。記住，不是啟引者個人在給咒語，而是整個傳承的仙聖在透過他們給予咒語。

## 譯註

[1] 原文出自南傳《三藏》中的《毘舍離經》（*Vesālīsutta*）：

Evaṃ bhāvito kho, bhikkhave, ānāpānassatisamādhi evaṃ bahulīkato santo ceva paṇīto ca asecanako ca sukho ca vihāro uppannuppanne ca pāpake akusale dhamme ṭhānaso antaradhāpeti vūpasametī'ti.

比丘們！入出息念之定，當這麼已修習、這麼已多修習時，就是寂靜的、勝妙的、無混濁的、安樂的住處，每當惡不善法一生起，它即刻使之消失、平息。

# 第15章

# 二〇一五年四月印度學院講話

譯者按，下面是斯瓦米韋達二〇一五年四月在印度學院中，對前來參加瑜伽睡眠法課程的學生們，在課程結束時所做的一段簡短的講話。

我曾經在二〇一三年的三月宣布自己要進入一段五年的靜默期，那時我身體病得很重——現在仍然如此——需要入院治療，看醫生，服藥。這些日子我又開口講話，算是違背了自己的誓言。我打算過幾天重新回到靜默期，希望能不受到任何干擾。但是，我還是會繼續教學，用不一樣的方法來教。

你們來參加課程是一回事，消化所學到的東西是另一回事，可能要化上幾輩子才能做到。但是，只管去做就是了。成功的祕訣是什麼？成功有三個祕訣。第一個祕訣是：練習。第二個祕訣是：練習。第三個祕訣是：練習。

不要把來這裡當作是來度假，回去了對人說：「我總算去過印度的學院了。是的，這是一段很好的經驗。那位斯瓦米還不錯。」然後你就把一切拋諸腦後，忘了去練放鬆。你在這裡的時候要盡量吸收，回去之後可以聽錄音跟著練，一而再、再而三地練，直到你不需要聽錄音就能夠記得全部的步驟，不用別人來提醒你。接著是第二步，就是「功法」（kriyā），某一段練習中所有的環節，你原本需要一個小時才能到達的境地，當你進步了，可以用更短的時間就到達那個境地。

你需要明白，心不是一團什麼東西。心比整個海洋還要大，整個海洋都在你的頭顱中。人腦的神經元可能有上千億個之多，連成一條線可以通到月球都不止，而這些都捲在你的腦袋裡。然而，心不只限於腦，有時候心是透過腦來行為。冥想功夫深的人，是去到那樣的心識中。心是由許多能量的層次所構成，如同海洋中有所謂的「斜溫層」。有潛水經驗的人都知道，在海洋中每深入一層，海水的溫度就不同，再深入一層又會不同，一層一層都不同。心也是如此。

目前你所意識到的，是心最粗重，動得最慢的一層。這就像是海水的表層，波濤起伏不定，可是只要潛入海洋十呎深處，立即就沒有波濤了。這就是我喜歡潛水的原因。你要學會潛入心中，在每一個深處，那裡振盪的頻率就不同，越深的地方，那裡的頻率越高也越微妙，心念的速度就越快，你持咒的速度就更快。你再進入更深、更微妙的地方，持咒速度又會更快。你原本要用上十五分鐘轉一串念珠，此時可能只需要五分鐘或兩分鐘。

請你們哪位幫我計時，當我舉起手指時開始，我再度舉起手指時停止（斯瓦米韋達閉上眼睛，示意開始，過了一段時間示意結束）。剛才用了多少時間？（座中有人答：三十秒。）我在心中默頌了「蓋亞曲神咒」十五遍，因為我不是在表層意識中，是去到心中頻率較高的地方做的。不過，如果你只是執意求快的話就不成，你只會變得緊張。你可以學會，可以做得到，只不過要有願力，要下決心（saikalpa）。

我早已經不親自講課了，已經很多年沒有親自帶一群人上課。你知道我以前怎麼教的嗎？我帶一群人做冥想，然後示意某人離開課室，出去時故意用力關門。砰的一聲，課堂中有的人身體都彈了起來，那就代表他們沒有進入冥想。

好，回到原先的話題，你們回去了之後不要想，「是的，在學院的經驗非常有趣。不過，我畢竟不是斯瓦米，我還要外出工作，我生活忙碌，我永遠不可能做到。」你為什麼做不到？有這麼多人都做到了，你為什麼不行？你行的！我也曾經是一名在家人，在美國扶養四名子女長大。我的修行，有一半是在美國機場坐著等飛機的時候練的。你坐在機場的時候做什麼去了？左顧右盼，四處張望？天知道機場的這些景象你已經見過多少次了，還有什麼好看的？飛機誤點了？太好了，那我有更多的時間冥想，更多時間進入靜默。你有這麼多可以利用的時間，卻不知道去用。你搭車的時候在做什麼？你有的是時間。你不是打瞌睡，就是胡思亂想，念頭飛到洛杉磯，飛去北京，跟你的鄰居爭論……。你為什麼要做這些？為什麼不利用這些時間？

所以你要學會利用這些時間，只要下決心就行了，就如你們在這裡每天晚禱時要唱誦的：

> 願我此心，如希瓦之善心、慈心、正定。
>
> （Tan me manaḥ śiva saṅkalpam astu.）

我曾經告訴過大家，每天都要如此發心，立願。

**問：如何才算是一位瑜伽老師？**

記住我們這裡對老師的定義，也就是其他人來到你面前時會說：「我感受到愛。」那你就是一位老師。心中不安的人來到你面前，離去時能安心，面帶著微笑。那你就是一位瑜伽老師。

**問：做好瑜伽體位法的祕訣何在？**

注意呼吸的節奏、放鬆、融入於無盡。《瑜伽經》說：

Pra-yatna-shaithilyānanta-sam-ā-pattibhyām.（II.47）

放鬆勁力，融於無盡。

這是瑜伽體位法能做到舒適穩定的祕訣。你能夠做到放鬆、心念融於無盡，再加上保持呼吸的節奏，做到這三件事，任何體位法都會變得容易。

我注意到很多西方人士的頸部、手腕、腳踝都非常僵硬，他們沒有先學會放鬆就硬著做體位法，就硬著盤腿打坐，這不是辦法。放鬆才是重點。

對一個重病的人而言，這段講話已經很長。我心臟有六條血管是百分之一百堵塞，此外還有很多別的問題，但是此刻我仍然繼續在講。我的身體是保持在完全放鬆的狀態，如果有人忽然提起我的手臂然後放手，手臂就會像自由落體般垂下，因為它毫不出力。如果此刻在我的額頭貼上感應肌肉動作的電極，儀器不會偵測到肌肉的緊張狀態。

我今年八十二歲了，你們看見我額頭上有皺紋嗎？為什麼我沒有皺紋，而你們額頭上會有？因為我有一種來自喜馬拉雅山的潤膚祕方，不過那是要抹在心頭，不是抹在額頭。心頭不起皺紋，額頭就沒有皺紋。希望你們都能保持美麗。要能讓美麗常駐。

還有人要提問嗎？

**問：您提到心有很多層面，有什麼好方法能輕易潛入心的深層？**

輕鬆為之，不要使勁。就是剛才引用《瑜伽經》那一句話，「放鬆勁力，融於無盡」。不要使勁，要放鬆。你要明白，心不只是在你的腦袋裡。心和氣是遍布在你的全身。斯瓦米拉瑪常說：「身全在心中，而心不全在身中。」當你的情緒一緊繃，身體自然就跟著緊張。所以我會在情緒淨化這個題目上說了又說：「情緒的正淨」（bhāva-saṁśuddhi）。

有一段《薄伽梵歌》中的頌句，我要求在這裡住校的學生必須牢記的：

心地愉悅麗如皎月，靜默不語自我節制，
情緒淨化如是斯乃，心地苦行之所謂也。

manaḥ-prasādaḥ saumyatvaṁ maunam ātma-vinigrahaḥ
bhāva-saṁśuddhir ity etat tapo mānasam ucyate（XVII.16）

苦行分為身的苦行、言語的苦行、心的苦行。這句頌是告訴我們，所謂心的苦行要能做到：(1)心地愉悅；(2)平和有如皎潔明月，別人看見你會覺得像是一輪皎潔的明月放射出清涼的光明；(3)靜默；(4)自律，自制，自我檢點；(5)情緒的淨化，正淨化。

所以你要讓自己的心懷著愉悅。如果身體中帶有一丁點緊張，就會讓你的氣能量淤塞，那就會阻礙你的心念。你在這種被阻塞的情形下，急著想要很快完成多少遍持咒的目標數，怎麼可能？放鬆！你越是放鬆，才能進入越是深沉的層面。這就是為什麼我們在練習瑜伽睡眠法的時候需要先做這些準備的功夫。

但我不需要做任何準備的功夫。

（此時斯瓦米韋達閉上眼片刻，又睜開眼睛。）

我剛做了兩秒鐘的瑜伽睡眠，已經得到休息。我身邊的人可以告訴你，我連打字寫電子郵件的力氣都沒有，要用口述，然後她（指著斯瓦米韋達的貼身助理 Tejaswini 女士）幫我打字。你告訴大家我們是怎麼辦到的。

（Tejaswini 女士：他是進入非常、非常深沉的瑜伽睡眠，然後口述要寫的內容。）

我的上師是躺著寫書的。他斜靠在躺椅上，像是睡著了似的，然後開始口述要寫的內容，由弟子聽寫記錄下來。他在那個境地中一次口述可能長達好幾個小時。

（譯者按，Tejaswini 女士曾經描述過斯瓦米韋達在風燭殘年如何完成《瑜伽經》第三篇的釋論：斯瓦米韋達叫指定的梵文學者弟子坐在身邊，他會在瑜伽睡眠的境地中口述所要書寫的內容，弟子聽寫下來，隔日再由斯瓦米韋達審閱弟子所寫下的內容。）

你目前找不到你要找的答案。神可是不停地在你心中輕聲告訴你答案是什麼，但是你心中正開著一萬部電視機以最高分貝在播放中，然後你說：「我聽不見神。」把電視機關掉，你自然就聽見了。這也就是為什麼在我們這裡會如此強調靜默。很多人來到此地從事三天的靜默，十天靜默，四十天靜默。例如，今年十二月會有一組我點名的人來這裡做九十天的靜默。任何來這裡靜默的人，我們會教他們如何從事靜默，把心中的電視機關掉，也就是說該如何在靜默的期間把有為還原為無為。

**問：感謝您，讓我們能來學習這麼美好的課程。身為一名學生，我有些意見回饋。當像司通馬這麼好的老師在帶我們的時候，我們自然就能去到很深的地步，可是當我們試著自己去練，就不是那麼一回事。所以這應該是有恩賜的因素在其中，我們才能有如此的經驗。**

什麼樣的恩賜？什麼是恩賜？恩賜的定義是什麼？什麼是愛？愛的定義是什麼？我和你們每個人，都是那遍在的覺性之海中的點點波瀾。你是否能用一支粉筆在波與波之間畫出一條分界線？那就是你們目前在做的，那就是大家在做的：「我在這裡，你在那裡。」在人我之間畫下線來。那就行不通。當兩個波之間沒有分際線，你如何能明確指出一個波和另一個波之間的分界何在？那就叫做愛。當上師心念的波將能量傳入你的心中，那就叫做恩賜。而你在任何地方、任何時間都可以召請它的到來，你只需要知道如何除去擋住它的障礙，讓那股波來觸及你。

所有的障礙都是你自己造成的。你必須除去阻礙，可是你又不停地堆加障礙：你嗔怒的習慣、嫉妒的習慣、自我中心的習慣，你高分貝講話的習慣，你的尖銳語調、僵硬的身體，你呈現銳角的動作。動作要流暢！人體有百分之七十是水分，只要有基本生理學知識的人都知道，人類身體的成分中有百分之七十是水，偏偏身體動起來卻不能像水一般流動？是怎麼回事？要學會流動！

至於靜默，不要等到來我們這裡才從事靜默。每個星期你要給自己至少半天的時間從事完全的靜默，那半天中不要看電視，不要閱讀，就只是把心靜下來。就把心靜下來。但是，如果你老是在掙扎著：「啊！我動了一個擾人的念頭。不行，靜下來！」「啊！又來了一個擾人的念頭。不行，靜下來。」「這些念頭到底什麼時候才會結束？」好不容易半天結束了，然後你拿起電話跟人一講就好幾個小時！這就不是靜默。不要如此，把它改掉。然後，在那靜默中，智慧就會到來。你的身體、言語、心念都會從那靜默得到平和。

記住，練習，練習，練習。願神祝福你們。

# 第16章

# 北京瑜伽峰會講話

以下是斯瓦米韋達於二〇一五年五月十八日在印度學院中以視訊的方式，為在北京舉行的第一屆「瑜伽峰會」講話的中文翻譯。斯瓦米韋達於二〇一五年七月十四日離世，這次講話時身體已經非常虛弱，應該是他在世時所做的最後一次公開講演。由於訊號雜音或是斷訊的緣故，有少部分內容沒有呈現在譯文中。

在此，我對喜馬拉雅瑜伽傳承的斯瓦米拉瑪，以及傳承的所有上師稽首致敬。我對佛陀、老子、孔子稽首致敬。我對葬在洛陽的迦葉摩騰和竺法蘭稽首致敬。我對鳩摩羅什、法顯、義淨、玄奘稽首致敬。我對菩提達摩稽首致敬。我對兩大文明千百年來，在靜默中相互溝通的所有大師們稽首致敬。

瑜伽讓所有人在靜默中結合。此時，我們是透過靜坐冥想來結合中印的人民。循著前面我所禮敬的諸位不朽偉人的腳步，我來到諸位面前，是希望能夠復興一種傳統，就是用瑜伽來發顯每個人內在本有的那份祥和寂靜。瑜伽不是一種體操的法門。它是一種靜默和靜止的法門，並且將之體現在肢體的動作上面。我邀請各位進入自己的內在，就是我所謂的瑜伽。它講究的是幽渺，不是粗顯的肢體動作那種瑜伽，而是重現內在自我的瑜伽。

我先用五分鐘的時間，帶領各位去到那個通往內在寂靜空間的門徑。首先你要覺知自己的脊柱。中國道家的大師和印度瑜伽的大師們都說，脊柱是我們能量的所在。當你能覺知到自己的脊柱，你就會開始坐直，開始感覺到脊柱中那股微妙的能量之流。那麼你自然就會想要把感官給關上，你的眼睛會闔上，會向著內在那寂靜的空間看去。然後，你進入那寂靜之地，你的脊柱會保持正直，而全身的肌肉和關節則是保持在放鬆的狀態。

放鬆你的額頭。將你的注意力放在你的呼吸上。觀察你呼吸流動的情形。那平緩的呼吸之流。只要去觀察和體驗你呼吸流動的情形，你的呼吸就會慢下來。

現在，體會呼吸在鼻腔內流動和接觸的感覺。輕柔、緩慢、平順地呼吸，就只體會鼻腔內流動和接觸的那個感覺。呼吸不要有喘動，呼氣與吸氣之間也不要有停頓。讓你整個心念都放在感受這股能量之流上。

現在我會給你一些字眼，但是你不要用口去唸，而只是在心中默念。當你在感覺呼氣及吸氣的流動時，在你的心中默默數著「1——2——」。呼氣，「1——」。吸氣，

「2——」。繼續用這個方法去感覺你的呼吸、去數息。呼氣與吸氣之間不要停頓。默默數息也不要停頓。觀察你的心念、數息的字數以及呼吸，三者匯合在一起，成為一股單一的意識之流。

不要中斷對這股意識之流的覺知，輕輕地睜開你的眼睛。即使睜開了眼睛，繼續保持這樣的覺知。

在你的心中下決定，每天都重複多次用這個方法讓自己的心靜下來。這就是我們這個瑜伽傳承教人如何開始靜坐冥想的第一步。它僅僅是一個起步，但是千百年來所有大師和不朽偉人跟前最優秀的弟子們，都是從這個方法開始。用這個方法，你就能和他們為伍。這個數「1——2——」的方法，對於一切沒有宗教信仰、不信觀音、不信佛、不信任何大師的朋友們，都適合使用。在主張科學無神論的社會，這是個最佳的方法。但是，如果你希望走不同的途徑，還有許多方法可以選擇。

例如，想要走《心經》修行法門的人，你無法在一呼或一吸之中默誦整部《心經》，除非你已經到了不生不滅的境地，但你可以用《心經》咒語最後的兩個梵文字：bodhi svāhā（譯註：玄奘大師的中文譯音是「菩提娑婆訶」，但梵文原音用今天的中文讀音則比較接近「博地—斯瓦哈」）。你每一次的呼氣和吸氣，就在心中隨著呼吸默誦 bodhi svāhā 這兩字。

至於是拜觀音的人（譯註：「觀世音」是否是「觀自在」，是另一個題目），你可以用一個特別的咒語。這是在中國拜觀音、在西藏拜度母（dolma）、在印度拜「塔拉」（tārā）的人，都可以使用的同一個咒語：tāre tuttāre ture svāhā（譯註：中文讀音為「塔瑞—圖塔瑞—圖瑞—斯瓦哈」）。我們在印度位於神聖恆河岸邊的學院中，就經常持誦這個咒語。初學者要在一口氣內完整地持誦這個咒語並不容易，所以在靜坐配合呼吸時，你可以就只用「塔瑞」（tāre）這個字。呼氣時，感覺空氣在鼻孔中流動的情形，在心中默默想著「塔——瑞——」。吸氣時，感覺空氣在鼻孔中流動的情形，在心中默默想著「塔——瑞——」。

不過，在印度，在瑜伽的傳統裡，喜馬拉雅的大師們會用另外的字。你們知道，當玄奘從印度帶著大批的經卷回到中國後，得到唐朝皇室的支持，在長安興建了一座寶塔，名之為大雁塔。[1] 他為什麼要取這個名？Haṃso（瀚——搜——）正是瑜伽大師教給每一位初學靜坐的人去使用的字。

現在，為了向玄奘大師致敬，請各位與我一起，感覺呼吸在鼻腔裡流動的情形。身子保持靜止，呼氣的時候，心中想著「ham——」（瀚——）這個音。吸氣時，心中想著「so——」（搜——）。繼續這樣呼吸，不要讀出聲音來，讓你的心念、讓「瀚——搜——」、讓呼吸，三者聚合為同一股流體。

將近十年前，我到陝西終南山中的樓觀臺，據說那是老子講經的所在。我有幸和接待我們的道長做了友好的交流。他說，道家的修行途徑在於導引脊柱中流動的能量。我說，瑜伽的修行途徑在於導引脊柱中流動的能量。他說，能量之流在枕骨處分為兩路。我說，能量之流在枕骨處分為兩路。他說，大師和真人臨去時，是從頭頂的囟門穴位有意識地離開肉身。我說，瑜伽大師臨終時，是有意識地經由頭頂那個我們稱為「梵穴」的地方離去，那是通往無盡的門路。

我沒有帶什麼東西好當作伴手禮獻給道長，他卻臨時大發慈悲，現場寫了一幅字給我。這幅字到今天還掛在此刻我所在的這間房的牆上（譯註：那幅字寫的是「僊佛同源」合體字）。掛在我房間牆上的，還有我的老師斯瓦米拉瑪的肖像，以及觀音的肖像。我們的傳承都是彼此相通相結合的。

我此時感到無比欣慰，因為你我雖然遠隔千里，今天卻能因瑜伽而聚合。在印度，我們還保留著梵文，那是當年像玄奘這樣的大師所學習和翻譯的語言。例如，我此刻拿著是一本以梵文書寫的《妙法蓮華經》，一千七百年前，西元四世紀時的鳩摩羅什大師把它翻譯成中文。在我們的學院中，還是在教授原典。

那次訪問中國的時候，我有幸前往了收藏著玄奘大師頭骨舍利的寺院，並獲准進入供奉頭骨的室中，當下我就開始以梵文誦唸出《心經》，就是玄奘大師當年為你們所翻譯的原文。我相信他在天之靈會接受我這份出於敬仰的供奉。

瑜伽有很多種。我們可以為來自不同文化背景的人提供種種不同的瑜伽之途。例如，你沒有宗教信仰的話，可以就用前面介紹的「1—2—」數息方式。如果你是基督徒，可以用「耶—穌—」的名號。所以有基督徒的瑜伽法，也有穆斯林的瑜伽法，也有佛教徒的瑜伽法。要幽默一點的話，還可以有所謂的「好萊塢瑜伽」。

不過，我不覺得「好萊塢瑜伽」有什麼幽默可言。我唯一欣賞的是喜馬拉雅瑜伽。

這喜馬拉雅瑜伽可不是讓你變得更健美的瑜伽。它是一種讓人清淨、寂靜的瑜伽。它要我們學習如何做到在靜中去動，那才是我所謂的瑜伽。

剛才我們連線的訊號曾經一度中斷，即使在視訊中斷的時候，我希望我們彼此的心仍然是保持連接。你只要能保持靜默，保持寂靜，就可以和遠古聖人們、大師們的心連接上。

我們印度有一本優美的經典，叫作《薄伽梵歌》，意思是世尊之歌、神之歌。其中有段大意是，（譯按：此時斯瓦米韋達不言不語停頓了將近半分鐘，應該是身體極度不適，需要休息。斯瓦米韋達晚年授課時，常有病發的狀況，據他說那時候只能在座上立即進入短暫的瑜伽睡眠狀態，才能挺過去）。

「能在無為中有為，能在有為中無為之人，才是真知什麼是為。」

中國的老子也說過：「善為士者不武。」所以，只會練瑜伽的體位法是不足的。你要學的瑜伽應該是去練心，將之應用於你的人生上。

當喜馬拉雅山中的瑜伽大師們，年復一年地保持靜默坐在山洞中的時候，他們的心中在做什麼打發？他們走的可不是求身強體健或是求什麼特異功能的路子。他們走的路子是在求淨化，求寂靜。當佛陀坐在菩提樹下寂然不動四十九個晝夜時，他的心中在做什麼打發？當菩提達摩面壁而坐，他坐了那麼多年下來，以致身影都印在壁上，他的心中究竟在做什麼打發？

各位不要去崇拜瑜伽的祖師，不要去崇拜佛陀，不要去崇拜菩提達摩。不要只知道崇拜他們，還要發大願，他們的心怎麼打發，你就要學他們去打發你自己的心。

我對各位有個祝願，無論何時，別人只要來到你的身邊，就會覺得自己進入了一個平靜的場域之內，願你成為一位散發出平靜能量之人。你能發這樣的雄心，那就是瑜伽。我願你能有這樣的雄心。

瑜伽的連結是超越國際界線的，千百年來都是如此。我祈願，有一天各位能來到我在印度學院的所在，與我一同靜坐。在此之前，請各位下個決心，用前面所介紹的簡短靜坐方法，將你的心、那個你選擇的字（例如前面所介紹的1—2—、瀚—搜—等等）、你的呼吸，三者調和成一股流體，跟隨著它，讓你的心靜下來，每天多做幾次，每次做幾分鐘皆不拘，這就能讓你享受到自己內在的那份寧靜。

在各位離去之前，再一次，用一分鐘的時間，進入你內在的領域。放鬆你的心念，隨著「1—2—」或是「瀚—搜—」去感受你鼻息的流動。請靜靜地坐一分鐘。

（斯瓦米韋達頷首當胸合十說道，）以我心中所有的愛，以我掌中所有行動之力，以我頭腦中所有的思想智力，我向各位內在潔淨而寧靜的心靈頂禮致敬。願它永遠是你平靜的源頭。

**問：我每次在靜坐的時候，眼淚總會不自覺地流下來。為什麼？**

你的內在累積了許多情緒。當你放鬆時，它們就會流出來。你不妨將你的情緒當作花朵，獻給觀音，獻給你自己內在的心靈，獻給任何你信仰或是崇敬的聖神母親，她們會接受你的獻禮。那麼，你的流淚會轉化為一種非常祥和寧靜的感覺。假如你以獻禮的心態釋放自己的情緒，過了一陣子，你靜坐時就不再會流淚，你的靜坐就會非常平靜。你只需要接受它。接受它，並且不斷地將念頭放在對呼吸的覺知上，以及覺知你所選擇的字。不斷地，重複如此做下去，就會不同。

**問：我想知道，靜坐能帶給我們什麼好處，以及靜坐冥想和哈達瑜伽的體位法之間有什麼關聯？**

首先，我的建議是，不要為了有什麼好處而去靜坐。微笑有什麼好處？微笑的樂趣何在？微笑能有所謂正確的方式嗎？如果你為了得到什麼好處而微笑，那還叫作微笑嗎？你能夠平靜下來，能夠與自己和平相處，有什麼好處？所以，你應該就是為了靜而去習靜。你的身體裡面，你的肌肉裡面，因為帶著大量的情緒而緊張，這也會使得你的呼吸變得短促而不勻稱。

哈達瑜伽的體位法能幫助你釋放內在所儲藏的緊張情緒和壓力，所以你的身體才能夠靜下來，才能夠放鬆，所以你的呼吸才能夠開始平緩而勻稱地流動。

在教學生做哈達瑜伽時，我們強調體式的動作要平順、輕柔、流暢。如果你的身體充滿了緊張和壓力，它就不會讓你在靜坐時保持靜止不動，它會不停地讓你想要扭動、抽動。

我的老師教給我的，以及我們在學院教學生的，是要把哈達瑜伽當成一種靜坐冥想的方式，而不是將兩者分離。這個道理在我那本《哈達瑜伽》裡有介紹。所以，如果在練哈達瑜伽的時候，你的心是平靜的，你的呼吸和動作是放鬆而流暢的，那麼哈達瑜伽就成為一種形式的冥想。

**問：什麼是三摩地？它是一種讓我們的心靜下來的方法嗎？附帶一個問題是，是否有上帝？**

什麼是三摩地？明年（二〇一六年）二月，在我們印度的學院裡有個為期六天的聚會，主題是：「我能得三摩地嗎？」但我可不保證你參加了就能進入三摩地，即使是佛陀也還得坐上四十九個晝夜。

三摩地就是回到你的本來。你不是你的眼睛、耳朵、手和腳。你不是你的呼吸、情緒、種種不安。你是一股寧靜而有覺的能量，它是全然而清淨的覺，是絕對的喜樂。三摩地就是回到那個自己的本質。一旦你回復到那個自己的本質，你永遠不會再失去它。

至於說，上帝是否存在——你為什麼要相信我的答案？你該自己去找答案。我的老師就是這麼教我的：自己找答案。你光是問這種知識上的問題，是找不到答案的。你要深入自己內在那個最寂靜的所在，在那裡，你會發現上帝是否存在。當你從那個境界回來，就能告訴我上帝是否存在。這要自己去體證。

在此獻上我對各位的祝福。

## 譯註

[1] 飛越喜馬拉雅山脈的大雁，梵文是 Haṃsa（也有將 Haṃsa 譯為天鵝），而斯瓦米韋達在講課時則是發音為 Haṃso（瀚搜），是因為 Haṃsa 首尾相連成為了 saḥ-aham，梵文連音規則的緣故，又變成了 so'ham，首尾相連也成為 haṃso。這又是另一個有趣的題目。

第17章

# 上師精神不死

譯者按，本篇是一九九七年十一月三日，斯瓦米韋達於上師斯瓦米紀念拉瑪圓寂一週年所發表的感言。

嗡～嗡～嗡～

每當有神聖的生靈，將殊勝的恩賜或能量加持於宇宙之力，那一天就成為神聖的日子，因而在那事蹟發生日期的前後，就會有週年的慶典和紀念活動。而當今社會的心態是，人類不再是宇宙的一分子，他視自己是外於宇宙世界的局外人，試著來控制宇宙。這種看法是不正確的。我們是宇宙的一分子，我們身中所流動的生命能量、我們的呼吸節奏，與所有行星、星座、銀河所應和的律動、波潮，都是同一個。

開悟不是孤立的個別事件，它是一個宇宙，乃至超宇宙的事件。神聖生靈，開悟了的生靈，他們投胎入人身也不是個別的事件，不是只有血緣關係的至親為之歡慶，而是具有普世的重要性，是個宇宙事件，比起星球的誕生還重要。當開悟了的生靈坐著，坐到終極開悟的最後一座時，所有的仙聖、十方一切諸佛、所有開悟者，都會前來護持。此後，他的律動不再是個人的律動。

我們之中有幸見過上師行走的人、記得自己曾經和上師同行的人，會感到我們好像是和宇宙之力同步，和某種無形、未知的磁力同步。有過這種經驗的人絕不會忘記，因為他不像是一個個人，而像是無數宇宙之力濃縮、匯聚在一起，流經那個特殊的時空交會點，流經那個被我們稱之為「個人」的身體。

我前面說，「那一天就成為神聖的日子」，我們之中學過接收宇宙律動的人，那律動就是與上師行走時同步的節奏，哪怕只能接收到一丁點兒的律動，就會發現在那神聖的日子裡，某種特殊的波會觸及我們。這不是物理能量的波，而是發生在我們意識中的波。發生在我們意識中的事件，和宇宙中所發生的事件，都是同步的。更正確地說，發生在宇宙中的事件，其實都是我們意識中所發生事件的投射。

我們之中對這些律動比較敏感的人，會選擇在今年（一九九七年）的十一月三日來紀念這個特殊的事件（譯按，斯瓦米拉瑪是在前一年的西曆十一月十三日圓寂），因為世人現在所使用的「儒略曆」（Julian Calendar，譯按，是羅馬帝國凱撒大帝所頒布的太陽曆，也就是俗稱的西曆），是西方世界對人類文明的貢獻中最不科學的。西曆的一月一日毫無任何重大意義可言。我們注重的是，星球和星座在某一個神聖的日子所處的位置，它們何時會再度來到那個位置，到時我們會感受到某種律動，某種波會觸及我們。今年，一九九七年，這個值得紀念的日子是落在西曆的十一月三日。而明年那個日子可能會落在西曆的另一個日子，這要根據星球和星座的位置而定，因為意識的事件並非是個別的事件。

這就帶來一個很多人都會問的問題：「他去了何處？我們的上師於今何在？」上師圓寂不久，我就說過，我們馬上會聽到有很多、很多這樣或那樣的宣稱，說上師去了這裡，去了那裡。常有人問：「人死了以後，靈會去到哪裡？」而我也總是說，這個問題根本不成立。「哪裡」就意味著地方，而地方就是受到空間的限制。靈是不受空間限制的。「去」哪裡就意味著移動。靈是沒有移動可言的。「以後」就意味著時間。靈是不受時間限制的。「死後」，誰死了？這又是一個迷惑，我們的本來永遠不會死亡，因為它從來未曾出生。

明白這個道理的人，就能提升自己的意識到另一個層次。在那個層次，這些問題變得沒有意義，不只是在理論上沒有意義，而是在他們的生命中這些都不成問題，例如「上師捨棄了肉身之後去到何處？」之類的問題，就會是一個沒有意義的問題。

我今天跟你們分享一個祕密。你們在學習人格的組成部分時，學到所謂的「細微身」、「因身」，你們聽到老師說，個人的細微身和因身，與宇宙的細微身、因身，是對應的，是相連結的。「對應」、「連結」都不是正確的用語。個人的細微身就是宇宙細微身中的一個波。個人的因身就是宇宙因身中的一個波。我們是如此執著於作為一個波，因而不能意會到整個海洋的幅員、深度、喜樂、圓滿。所以，我們一直掛在心上的，只是這一個小小的波的命運，這個起了又落了的小小的波。

但是大師可不是這樣看的。已經解脫了的靈，可以選擇留在細微身中，也可以選擇丟下細微身，只留在因身中。大師們還可以選擇丟下細微身和因身，如同丟下肉身一樣，然後讓靈的波融入「梵」中。所以他們的靈可以融入「梵」中，或者可以繼續作為一個波，僅僅包裹在因身中，同時又融入宇宙的因身中，或者可以繼續包裹在細微身中，同時又以波的形態融入宇宙細微身的海洋中。

大師們在宇宙細微身中，是遍布宇宙以細微形態存在的生靈，因此在許多宗教裡，都會祈請聖人向神靈求情。而大師已經與宇宙的細微身或者宇宙因身合一，所以可以隨心所欲在任何地方現形，可以在你清醒的時候，如果你夠幸運的話也可以在你的夢境中現形，在你的意識中，乃至超意識中現形。

在這個傳承中，領受過個人咒語，或者接受過高階啟引的幸運者，就能夠與如此的宇宙細微身有所連結。這是與整個傳承裡所有的聖人、智者、仙聖、生靈的連結，這些連結所形成的長鏈通達至無限。所以，無論個別的上師是否仍然以色身形態住世，經由那個宇宙心識的一粒，那至微細的粒子，也就是你的咒語，他們的精神會永遠留住在你心中，會指導你。偶爾，在你最不經意的時候，有一道波會來到，會為你留下一個無法破譯的心印，而在幾個月、幾年後，你發現自己的行為有意想不到的改變。

但是你要小心，你要當心。你的自我會受到一個很大的誘惑去想，「上師在引導我」，而其實你可能只是被自己無意識中的欲望、心印所驅使。因此，你要小心，不要去對世界做什麼宣稱。

大師們會留下某些訊息或徵兆，讓人們知道他們。斯瓦米拉瑪這方面的事蹟多到不可勝數。我記得自己早年坐在他跟前的日子，有一次他在我的房中，要我起身去把房門關上，然後對我說：「我讓你見識一下。」他把身上的袍子掀開，說：「我現在要把右腿裡的氣全部抽走，注入左腿中。」不到一分鐘，他的右腿膚色變白，觸摸不到溫度，如同死屍一般。而他的左腿則是紅潤有如櫻桃。他說：「我現在要反過來。」隨即他的左腿變得慘白而右腿變得紅潤。然後他告訴我：「到這個地步，要換身的話，只不過是下一步的功夫。」（譯者按，這裡的「換身」應該是指所謂的「易身大法」〔**para-kāya-praveśa**〕，在斯瓦米拉瑪的《大師在喜馬拉雅山》書中有提及）。

我們該自問，是否每年做一次紀念活動就夠了？不，有好多事要辦。神意透過上師而展現，我們作為大師的學生和弟子，應該視自己為神意的工具。首先我們該在自己身上痛下功夫。作為對傳承的回報，你們有多少人為自己立下未來五年的靈性發展規畫？五年以後希望自己能進步到什麼程度？這是你要問自己的問題。

然後，在下功夫的當中，不要忘記上師留給我們的工作。我們內在是否有那股奉獻的精神去服務，去完成那些工作，去協助完成那些工作。所以，除了我們的內在需要下功夫，還要延伸出去，為周圍的人去服務。

我希望，我禱告，我們每個人不只是能成為接收那份恩賜的容器，更能積極參與那份恩賜，能感應恩賜的到來。當我們內在對神性的渴望得到了回應，就能感應內在深處為我們在提供指引。

我也祈禱，那份恩賜能讓你在此生就達成心願，成為一個純潔的生靈。我們要對那份恩賜稽首禮敬，它曾經是在世間行走的血肉之軀中，而現在可能已經融入了宇宙微細身或者宇宙因身，但仍然繼續在引導我們。

我祈禱，我們對那份恩賜的回應，是每日轉向自己內在的源頭，每日調整自己。請容我再一次提醒你，尤其是現在上師已經捨棄了肉身，讓我提醒你，我們所說的宇宙的律動，宇宙的波，不是只在每年某個神聖的日子回來一次。為了你，它可能每一日都回來。你每一天都要成為那個波的接收者。如果那個波知道，如果那個恩賜的波知道，在哪裡能找到你，在哪個時刻能找到你，而你能如約到場，能日復一日如約，你就會發現自己內在起了感應。接受那股波。它能提升你，振奮你，引導你，淨化你。

於今上師已經捨棄了肉身，我們就更需要保持每日如約，去紀念、去慶祝、去接收那股意識之波，它一直、一直都在流入你，可是我們卻疏於回應它的來到，因為我們給自心蓋上了黑幕。你要拉開黑幕，每日準時上座。記得奉獻，記得要奉獻。願你的靈性之旅能繼續在那指導下進行。雖然他非肉眼可見，但仍舊與我們同在。

我再一次邀請你們來到我們位於印度瑞斯凱詩的學院。那些曾經來過這裡的人，我可以對你保證，他還在這裡。那股能量仍然在此。聖潔的氣氛依然，花朵開放如昔。恆河以同樣的韻律在流動中。此刻學院住滿了人，住在此地的人告訴我，他們不想離去，因為感受到那股能療癒身心的氣氛與昔日無異。

不論什麼理由帶你來到此地，我都希望能再見到你。我也確信，上師會期待每天在宇宙細微身中見到你，希望每日能在你冥想座上與你的細微身相契合。

願所有的聖人持續祝福我們。願我們保持與上師的連結。

謝謝。願神祝福你。願神祝福大家。

嗡～嗡～嗡～

BH0060

# 瑜伽就是心靈修行地圖

## 斯瓦米韋達傳授心法的 17 堂課

作　　者　斯瓦米韋達・帕若堤（Swami Veda Bharati）
譯　　者　石宏
責任編輯　于芝峰
協力編輯　洪禎璐
內頁排版　宸遠彩藝
封面設計　小草
篇章頁圖　Designed by brgfx / Freepik

發 行 人　蘇拾平
總 編 輯　于芝峰
副總編輯　田哲榮
業務發行　王綬晨、邱紹溢、劉文雅
行銷企劃　陳詩婷

出　　版　橡實文化 ACORN Publishing
地址：231030 新北市新店區北新路三段 207-3 號 5 樓
電話：02-8913-1005　傳真：02-8913-1056
E-mail 信箱：acorn@andbooks.com.tw
網址：www.acornbooks.com.tw

發　　行　大雁出版基地
地址：231030 新北市新店區北新路三段 207-3 號 5 樓
電話：02-8913-1005　傳真：02-8913-1056
讀者服務信箱：andbooks@andbooks.com.tw
劃撥帳號：19983379　戶名：大雁文化事業股份有限公司

印　　刷　中原造像股份有限公司
初版一刷　2021 年 11 月
初版二刷　2023 年 12 月
定　　價　450 元
I S B N　978-986-5401-97-9



大雁出版基地
www.andbooks.com.tw

國家圖書館出版品預行編目（CIP）資料

瑜伽就是心靈修行地圖：斯瓦米韋達傳授心法的 17 堂課／斯瓦米韋達・帕若堤 (Swami Veda Bharati) 作；石宏譯．－初版．－臺北市：橡實文化出版：大雁出版基地發行，2021.11
336 面；14.8×21 公分
ISBN 978-986-5401-97-9（平裝）

1. 瑜伽　2. 印度哲學　3. 靈修

137.84　　110017435